未来栖息地

腾讯研究院　编著

電子工業出版社·

Publishing House of Electronics Industry

北京·BEIJING

图书在版编目（CIP）数据

未来栖息地 / 腾讯研究院编著. 一北京：电子工业出版社，2023.1
ISBN 978-7-121-44782-2

Ⅰ. ①未… Ⅱ. ①腾… Ⅲ. ①网络公司－企业管理－经验－中国
Ⅳ. ①F279.244.4

中国版本图书馆 CIP 数据核字（2022）第 249147 号

责任编辑：缪晓红
印　　刷：三河市华成印务有限公司
装　　订：三河市华成印务有限公司
出版发行：电子工业出版社
　　　　　北京市海淀区万寿路 173 信箱　邮编：100036
开　　本：880×1 230　1/32　印张：8.5　字数：218 千字
版　　次：2023 年 1 月第 1 版
印　　次：2023 年 1 月第 1 次印刷
定　　价：85.00 元

凡所购买电子工业出版社图书有缺损问题，请向购买书店调换。若
书店售缺，请与本社发行部联系，联系及邮购电话：（010）88254888，
88258888。

质量投诉请发邮件至 zlts@phei.com.cn，盗版侵权举报请发邮件至
dbqq@phei.com.cn。

本书咨询联系方式：010-88254760。

出品人

司　晓　杨　健

总策划

周政华

主　编

刘金松

编　委

王焕超　曹建峰　王健飞　李　孜　陆诗雨

徐思彦　陈　孟　宋　扬　孙　怡　李　刚

田小军　窦淼磊　王维佳　陈　维

产业、生态与社会

拥抱科技变革的三重视角

腾讯集团副总裁、腾讯研究院总顾问 杨健

当前，以人工智能、区块链、虚拟现实为代表的新技术正催生新一波数字化浪潮。对真实感、在场感、沉浸感的追求，成为新的数字化方向。基于智能化驱动的物理与数字世界的融合，将激发更多的创新与应用场景。新一轮科技变革将带来哪些影响？我们该如何拥抱这一创新机遇？

科技行业既是科技变革的受益者，也是创新风险的首当其冲者。当今，市场上那些我们耳熟能详的科技公司，无疑是上一轮科技变革中的成功者、受益者。他们在过往的竞争中抓住了创新的机遇，找准了自己的赛道，获得了用户与市场的认可。但面对新一轮科技变革，一切都可能从零开始。

科技变革到来之际，也是行业格局变动最激烈之时。无论是中小型科技企业，还是行业领军型企业，一旦跟不上变革的节奏，必然面临被超越甚至被淘汰的风险。不管是初创公司，还是行业领军者，面对新的科技变革，都是 0 和 1 的选择。一旦错过了机遇，受影响的往往不只是市场份额，而是生与死的考验。这是科技行业竞争的残酷之处，也是其魅力所在。

新一轮科技变革所形成的创新生态和产业链布局，其影响远超过领军型企业本身。在变革中，大家更容易关注那些聚光灯下的明星创新企业，而忽视由其所带动构建的创新生态和产业链布局。就像手机产业，在从功能机到智能机的演进中，出现了一批能够跻身行业前列的中国品牌，成为中国制造的最新代表。然而不能忽略的事实是，每个成功的品牌，都离不开创新生态和产业链集群的支撑。在孵化面向未来的新一代技术时，这些创新生态和产业链甚至发挥着更大的作用。

和制造业相比，互联网创新生态涉及的主体更广、产业更多，生态结构也更为复杂。以其带动的就业结构变化为例，根据中国劳动和社会保障科学研究院发布的《数字生态就业创业报告》，2021 年仅微信生态衍生的就业机会就达到 4168 万个，围绕微信小程序所产生的开发、产品、运营等就业机会超过 839 万个。很多思维活跃、追求自由发展的年轻人，在数字生态中凭借一技之长，为广大用户提供充满个性的创新产品和服务。

从社会层面看，科技生产力的变革带来生产方式的变化，最终必将重铸区域与社会竞争力。回看工业革命以来的世界经济中心变迁，从最早的英国，到随后的法国、德国、美国，每次变迁都伴随着科技创新的突破。正在进行中的第三次信息革命，重构了信息获取、商品交易、服务提供等日常生产和生活方式，推动数字经济成为国民经济的重要组成部分。作为数字经济发展最为快速的国家之一，中国成为数字技术创新的最大受益者。中国信息通信研究院发布的《中国数字经济白皮书（2021）》显示，2020 年中国数字经济规模达到39.2 万亿元，占 GDP 比重达到 38.6%。

面对新一轮科技变革，智能化、平台化、生态化成为生产组织的重要特征，富有创意的工作成为未来重要的劳动方式。比如，基于区块链技术的 NFT，就让一些艺术家有了新的创作和连接方式；一些歌手在虚拟场景里举办演唱会，可以有数千万人参与；腾讯基于云游戏技术打造的"数字长城"，让用户通过手机就可以在线"爬长城"和"修长城"。

积极拥抱新一轮科技创新，需要充分发挥来自企业界、科技界、政府机构等多方的力量，形成支撑科技创新的"创新链、产业链、资金链、人才链"。一方面，充分发挥企业作为创新主体的积极性、能动性，坚持面向世界科技前沿、面向经济主战场、面向人民生命健康，构建可持续的创新体系，将科技创新融入产品和服务之中，形成不断突破的创新生态，将科技创新转化为实实在在的产品和服务。另一方面，从国家或区域的视角，面对如此密集的科技创新期，要不断完善科技创新支撑体系，培育创新文化，形成具有全球竞争力的开放创新生态。只有在这些方面不断取得突破，我们的创新才能既解决当下的短板问题，又面向基础领域、新兴领域、交叉领域提前布局。

在大力推进科技创新的同时，**我们也需要对创新过程中可能出现的风险保持警醒，做好防范预案**。就像人工智能技术的发展，虽然目前已经在农业、工业、医疗、交通等领域有了非常广泛的应用，但我们对其背后的算法运作机制依然了解不多，如何在利用人工智能提升效率和体验的同时，确保"准确性、公平性、可解释性"，依然有待进一步探索和完善。

在每年的"科技向善创新周"上，我们都会邀请不同领域的创业者、技术负责人、产业专家，分享他们对科技创新、产业趋势与社会价值的思考和探索。他们处在各自领域的最前沿，所以这些思考和探索都非常硬核和富有启发。我们把2022年创新周上分享的内容收录到这本书里，希望能够对大家厘清新一轮科技创新脉络、抓住新一轮科技创新机遇有所帮助。但愿这些内容让科技行业之外的从业者，也能有所收获。

守望数字化未来

谈到数字化未来，很多人会想到一部电影——《头号玩家》，这部于 2018 年上映的电影，为我们描绘了最契合当下技术趋势的数字化未来：逼真的虚拟现实场景、操控自如的触感设备、基于数字场景的原生经济系统……这些在当时看来颇具预见式的场景，正随着科技的发展转化为切实的产品和服务。

当然，与影视作品对数字化未来的大胆展望相比，现实世界的技术发展却相对缓慢且波折。以电影里通向未来数字世界的关键设备 VR 为例，从 20 世纪 30 年代提出设想，50年代做出第一台原型机，真正进入规模化量产已到 2021 年。这期间因为技术、产品等各种挑战，整个产业可谓几经沉浮。

即便其当前进入规模化量产阶段，但依然面临设备轻量化、内容丰富度、使用舒适性等多方面挑战。而这些功能的进一步改进和完善，不仅涉及制造工艺、材料技术、计算机算力等软硬件方面的提升，还包括对神经科学认知的进一步突破。不过从过往的数字化进程来看，一旦具有里程碑意义的终端产品进入规模化阶段，其迭代速度往往会远超预期。

面对新的变革周期，我们该如何把握当下的科技进程？在迈向数字化未来的过程中，有哪些潜在的挑战？从过往的数字化进程中，我们又能收获哪些宝贵的经验和教训？在升级后的"科技向善创新周"上，我们邀请了来自设备厂商、平台企业、内容创作等多个领域的 60 多位专业人士，一起展望科技新趋势及数字化未来。

"VR 设备与下一代互联网"自然是非常受关注的热点议题。来自 VR 领域的创新企业、行业资深专家普遍认为，VR 产业正在进入一个拐点，大家对行业未来发展开始抱有一个普遍乐观的期望。但他们同时认为，体积更轻巧、携带更方便、成本更低是 VR 设备从当前初步量产走向大众普及过程中必须要解决的难题。

内容生产的智能化、信息传递的资产化成为新趋势。在"元宇宙、时空互联网与未来栖息地"的讨论中，来自艺术创作、应用开发、芯片等领域的专业人士，分别从内容创作、应用开发、底层技术等方面分享了他们对当前热门应用和行业趋势的看法。在内容创造方面，人工智能融入创作成为不可避免的趋势，内容海量供给的闸门将被打开；在价值交换方面，信息即资产，信息互联网向价值互联网演进成为新趋势。

元宇宙会是人类的未来吗？ 外交学院教授施展，从历史和产业的视角，给出了毋庸置疑的肯定看法。在他看来，任何一个产业或技术，如果想要成为未来，一定不仅是因为它所包含的想象力，更重要的是它能够解决人类所面临的最紧迫问题。而当下人类面临的最紧迫问题，就是在进入高度数字化时代后，如何解决劳动力剩余问题，元宇宙也许提供了一个新的生产场景。

新的数字化技术将为我们带来哪些切身的影响和变化？ 或许可以从过往的数字化进程中得到一些启示。"多抓鱼"创始人猫助，分享了其在通过互联网"捡破烂"的实践中，如何充分利用大数据实现价值链重构。比如，在回收商品的处理环节，充分利用智能化方式，实现拍照、修图、调色、上传一体化流程，将回收效益提升 100～200 倍。

当然，数字化也并不总是给我们带来快乐。 "小宇宙"播客 App 的 CEO Kyth 从一个资深产品人的视角分享了他的观察，为什么我们上网的时间越来越长，可以获取的内容越来越多，但上网却成为一件不再快乐的事情。

在迈向数字化未来的过程中，科技的发展不仅要向前，更要普惠。 一方面要不断利用科技创新拓展数字化边界；另一方面要让科技的红利惠及更多人群，特别是老年人和存在各种使用障碍的群体。比如，手机制造商 OPPO，针对色觉障碍人群的需求，开发出"千人千屏、语音字幕和无障碍颜色模式"等功能，为色觉障碍人士提供多种辅助操作体验。又如，为帮助听障人群解决"听不清"难题，腾讯天籁实验室将天籁 AI 技术应用在人工耳蜗等辅听设备中，极大改善了人工耳蜗佩戴者的使用体验。

数字化红利的普惠，不仅受用户群体特征的影响，同样存在区域的梯度差异。拥有完善的基础设施、人才优势的一线城市通常是新技术、新商业、新模式的发源地，能够比较早地享受到数字消费和生产方面的双重红利。如何助力更为广阔的县域、乡村实现数字化突围，成为当下面临的重要挑战。腾讯研究院的乡村振兴研究团队深入一线调研，从商业数字化、政务数字化、面向乡村的产品设计等方面，探讨如何通过数字化手段拉平城乡之间的差距，助力乡村振兴。

在面向未来的数字化进程中，兼顾用户、商业、社会等多维度的需求，正在成为重要的原则和方向。特别是在我们走向高度数字化、智能化的过程中，运用科技创造可持续社会价值的重要性也更加凸显。正如在"企业社会价值之路"的议题讨论中，腾讯公司副总裁、可持续社会价值事业部负责人陈菊红所言，对腾讯而言，推动可持续社会价值创新，一直是一个充满挑战且具有不凡意义的事情。

数字化与社会的关联和互动，也正在成为学界关注的重

要议题。著名社会学家项飙在主题演讲中提出三个问题：我们是否已经进入了一个"社会型市场"？人的"关联性"正在变成经济和社会的基本语法吗？这对于人及人的社会关系意味着什么？他从社会学视角对"人、数据与行为关系"的思考，为我们审视当下正在进行中的数字化进程，提供了新的参照。

和社会学家对当下议题的关注不同，科幻作家韩松更关注未来。他在演讲中，把"未来"和"科技"看作两个独立的生命体。在对二者关系的推演上，韩松认为，"科技是用来改变未来的，但未来可能并不希望被改变。"在韩松看来，从某种情况讲，我们今后能否生存下去，取决于科技与未来这两大力量之间能否彼此怀有善意。这考验着人类的运气和智慧。

值得庆幸的是，未来和科技都不会是一蹴而就的结果，而是一个不断演进的过程。正如腾讯集团副总裁、腾讯研究院院长司晓在演讲中所言："我们不会因为某个单点技术的突破，或者某个颠覆性产品的横空出世，就一下子进入元宇宙时代，但元宇宙涉及的传感、边缘计算、感知交互、全息影像、仿真引擎、空间声场、AIGC（人工智能生产内容）等技术，会扎扎实实地转化为现实生产力，进一步改变我们的生产和生活方式。"

在这种改变的进程中，人类只有充分发挥自己的智慧和

善意，让科技变得可知、可控、可信，才能让未来可期。正是在这样的背景下，我们把原来的科技向善大会升级为"科技向善创新周"，拓展关注的议题边界，从技术、商业、价值创造与社会福祉提升等多元视角，一起展望未来科技趋势及其可能塑造的数字化未来。

我们希望通过这样一场跨界、开放式的对话，一起打开空间的束缚，跳出原有的思维范式，去展望一个更安全、更包容、更多元，充满活力、创造力的数字化未来。无论你来自传统企业还是来自数字企业，无论你是技术极客还是对未来充满关切的普通用户，希望这些讨论能对你有所启发。

目录

打 开

新 浪 潮

相 变

寻 路

第一篇

打开

第一讲 项飙——社会型市场和人的关联性

作为社会学领域的知名学者，项飙以其对社会问题的深刻洞察而著名。在 2021 年"人与系统"的讨论中，他向科技行业提出三个问题：什么是系统？系统与其中的劳动者的关系是怎样的？系统与消费者的关系是什么？他借着这三个问题，表达了对新经济发展过程中出现的相关问题及其影响的思考。

在 2022 年的主题分享中，他又为科技行业带来了自己的"新三问"。

以下为项飙的演讲全文：

这是我最近在思考的，同时也很有可能会影响到我未来一段时间基本研究主题和研究框架的三个问题。我非常希望能听到大家的，特别是科技界人士的反馈：第一，这些问题究竟是不是靠谱的，符不符合现实？第二，这三个问题有没有生命力，能否引导我们进一步有效思考？

第一个问题：
我们是否已经进入了一个"社会型市场"？

如果说 20 世纪我们主要考虑的是怎样避免出现一个市场型社会，那么我想，21 世纪我们面临的挑战之一就是一个社会型市场的出现。

市场型社会意味着我们的社会关系，包括家庭、亲友、爱情等，都被组织到一个市场下，从而出现了大规模的商品化趋向；相比市场型市场，社会型市场在一定意义上是相反的，它把整个市场变成社会本身。

比如，在交友软件上，你想找真心的朋友、真心的爱人，即纯真的友情和爱情，你怎么去找？首先在找的过程中，你依靠的是社交媒体，是商业性渠道；然后在找的过程中，不管你是有意识的还是无意识的，算法通过各种各样的指标、加权数等为你匹配。这个行动过程又是一个高度商业化的手段，但这并不意味着你的友情和爱情本身是被商品化了的。

因此，社会型市场不是把一些人、社会关系变成商品，相反，它是要营造各种各样的社会关系，鼓励社会关系的出现，然后把它作为盈利的来源。

第二个问题：
人的"关联性"正在变成经济和社会的基本语法吗？

关于我的第二个问题，如果确实有这么一个趋势，那么它背后的关键究竟是什么？或者说，社会型市场的一个微观构造和微观基础是什么？

我在想，人的关联性是不是社会型市场里的一个微观构造基础，或者说是一个新的"黄金"或新的"石油"？很多人说"数据是新的石油"，但我对这个说法一直不太理解，因为数据固然是大型平台公司、网络公司的基础，但究竟这个数据本身能不能直接产生效益呢？人的关联性是否比数据更重要呢？

如此说有如下两个原因：

第一，数据是怎么来的？ 大的数据并不是抽象的、经过推算形成的，而是从每个个体上抽取而来的。因此，它如果不形成人的关联性——这里的"关联性"是指人和平台、人和计算机服务中心（获取数据的计算机运算中心）之间的联系——如果没有一条条细微的管道，那么就不可能形成大数据。

第二，大数据形成之后具有什么作用？ 大数据形成之后，一定要有反馈，一定要盯准你，然后有针对性地对你投放信息，跟踪你的行为，甚至改变你的选择、意识等。那么在这个时候，它所需要的也是这个"关联性"，即数据中心和个体之间的联系。

所谓的"关联性"，与社会关系不太一样。我把"关联性"定义为一个被抽象的、被信息化的，同时又可以被第三方管理的社会关系。

举一个简单的例子，我以前研究劳务派遣公司，它与平台公司没有直接关系，但是有分析意义上的借鉴意义。众所周知，资方和劳动者的双边雇佣关系是很重要的、普遍存在的社会关系。但我们现在看到，随着劳务派遣行业的兴起，特别是在跨国劳务流动过程中，原本双边的劳务关系、雇佣关系被转化为一系列更加复杂的关联关系——劳动者和雇主不直接签订劳务合同，而是各自和劳务派遣公司这个第三方签订一个短期的甚至是即刻的、一个单子签一次这样的所谓"商业服务合同"。

现在就出现了一个新的问题：劳务派遣公司如何去控制劳动者？因为雇主希望劳务派遣公司能够控制劳动者，所以劳务派遣公司又通过营造或者利用其他一系列关系来控制劳动者。比如，劳务派遣公司会让一小组劳动者形成一个所谓"连坐"的小组，即如果一个劳动者不守纪律，那么这个小组中的其他劳动者都可能会被惩罚，所以他们要互相监督。在跨国劳务派遣的过程中，有的劳务派遣公司甚至会要求劳动者的父母写保证书，来担保他们的孩子（当然是成年的孩子）在国外会遵守劳动纪律。

这就意味着，原来双边的雇佣关系被替换成了一种由第三方来管理的关联关系；同时，第三方又把这一系列关联关系放到另一系列关联关系中，如利用群体压力、家庭关系来控制劳动者。

很多金融产品之所以能不断延伸，是因为把这种关联性不断地复杂化了。比如，美国次贷危机，就是把按揭关系、债务关系打包组合在一起，然后将其卖给第三方或第四方。这就是关联性。那么今天，我们的平台经济、电子经济是不是主要靠这种关联性盈利呢？

第三个问题：
这对于人及人的社会关系意味着什么？

关联性究竟是如何被营造出来的？究竟是怎么在人、技术和组织——包括公司和各种中介组织——互动过程中形成了这种关联性？这种关联性对我们原来理解的那个社会关系又意味着什么？

区块链是一个例子。我们可以将区块链理解为一种关联性，它将原来人和人的关联性通过技术手段组织在一起。那么，区块链有什么好处呢？据说好处之一就是互相之间不需要信任了。我们原来那种人和人基于一种社会价值基础上的信任不被需要了，因为技术已经对你的关联性进行这样的一个设计，以至于你在技术上不可能违规。

那似乎就不需要有社会关系了，一切都可以通过技术形成的关联性进行运作，整个社会就变成了一个由技术构成的关联性的集合体。这对于人来讲，究竟意味着什么？

今天，我主要提出以上三个问题：第一，我们是否已经进入了一个"社会型市场"？第二，人的"关联性"正在变成经济和社会的基本语法吗？第三，这对于人及人的社会关系意味着什么？我非常希望听到各位，特别是科技界、研究界朋友们的反馈，谢谢。

第二讲 韩松——生存在科幻时代

面对飞速发展的科技,我们该如何去想象未来?借助于科幻正在成为一种新的手段。科幻代表了科学、逻辑理性和想象力,并且以艺术的形式来对外呈现。

事实上,人类社会的很多发明创造最早都来自科幻概念。像移动电话、互联网、人工智能和自动驾驶汽车,都曾被科幻所预言,包括最近两年大热的元宇宙,其最早的概念雏形同样来自科幻小说。

在科幻作家韩松看来,科幻隐喻的是我们生活在一个理性与感性、正常与疯狂、现实与未来交织最激烈的时代。**我们这个时代的特征就是科幻,科技成了第一现实,同时充满前所未有的幻觉感,乃至幻灭感。**

借助于科幻,有助于让我们对时代的剧变有所准备。《黑客帝国》的作者——科幻作家威廉·吉布森说:"未来已经到来,只是尚未流行。"现在我们可以将这句话修改为:"未来已经到来,正在风靡一时。"

以下为韩松的演讲全文:

我想从科幻的角度谈谈对世界的看法,可能不正确,因为科幻常常被认为是一种哄小孩睡觉的玩具。不过,现在关注科幻的人渐渐多了起来。比如，有房地产商说要把小区建成科幻样式的；有人说要在城市交通卡上加入科幻元素；做石材生意的老板找到科幻作家帮忙设计展览；中考试卷中也出现了科幻命题；一些企业家、政府干部说自己是科幻迷；北京市正在把钢铁厂改造成科幻产业园区；敦煌市在佛像下面举办了科幻节；南京市也忙着为古都打造科幻电影的名片……

再如，今天大家牺牲宝贵时间来听我讲科幻，这也是以前所没有过的。当然在我看来，这些跟现实中找不到新的题材有一定关系，元宇宙就是如此。

不过，可能还有一个原因，那就是现实正变得越来越科幻。很多科幻小说所描写的事情都在现实中发生了。比如，你回家后喊一声就有机器人来为你扫地；在酒店有机器人迎上来为你服务，甚至还会安抚你的旅途情绪；你用移动电话就可以导航到一个遥远的、陌生的地方；你的孩子坐在家里就能跟着太空中的航天员上物理课。

2021 年，还有许多匪夷所思的事情发生。比如，十几亿人之前从来没有看到过无人机直播大象进城，还有人通过网络直播一个晚上就卖出上百亿元商品，电竞似乎在取代体育赛事和影视节目而成为一个新物种。

因此，有时我会觉得自己就像生活在未来世界，本来应该在明天发生的事情提前在今晚发生了。

为什么会这样？有人向科幻找答案。在 19 世纪，科幻诞生于科技革命和工业革命的首发国——英国。它被称作科技时代的神话，关注的是人类的未来。它对应了一个新的地质年代，就是人类世，影响地球历史进程的主要因素是人类，而不再是大自然。人类在改变未来的轨迹，未来不再通过旧的路径渐次到来。人类正在进行着生态破坏和生物灭绝，而人类自身灭绝的可能性也在增大。基于对原子能、亚粒子结构、生物遗传密码的掌握，过去一百年中人类第一次创造出了能毁灭自己也能毁灭地球的技术手段。

出于对未来的担忧，人类找到了一种新手段——科幻，来思考自己的命运。顾名思义，科幻包括科学（代表逻辑理性）和幻想（代表想象力）；另外，它是用艺术形式如小说和电影（代表感性）来表现的，而不是用公式和论文来表现的。因此，科幻隐喻的是我们生活在一个理性与感性、正常与疯狂、现实与未来交织最激烈的时代。

在这样一个新时代，需要关注科幻的逻辑。这是因为在科技和未来成为关键词时，仅仅关注武侠的逻辑已经不够了，那是农耕时代的主题。

科幻有如下几个逻辑：

一是创造新概念。现代生活中的发明创造最早都来自科幻概念。科幻预言了移动电话、互联网、人工智能和自动驾驶汽车。元宇宙这个概念最早是科幻小说提出来的。后人类的概念也来自科幻，它指的是人和机器的对接，或者生物工程改造人。移动电话事实上已经成了一个新的人体器官，人们一刻也离不开它。基因科技改造人的身体，使人长寿，甚至成为"超人"。在相对论、量子力学基础上衍生出的新概念，成了引领或塑造未来的工具。

面对科幻，可能需要建立两个实验室：一个是技术实验室，另一个是思想实验室。我认为这也是科技向善的内容。善，就是在剧变发生时，能进行独立思考，提出人无我有的新概念。

二是创造新奇观。旧的奇观，可能是珠峰的云彩、北极的极光。而新的奇观是人造的，如比人脑快亿万倍的金属机器，在像灰尘一样大的地方集成几十亿个晶体管，速度高达几十倍音速的空天飞行器，代替星空的星链，月球、火星上的基地。

更厉害的奇观是一种叫作梦境的东西，科幻从一开始比的就是造梦的本事。鲁迅在把科幻引入中国时说，是梦想的不同决定未来的不同。这意味着对想象力提出了更高的要求。爱因斯坦说的想象力比知识更重要，如今变得更现实。

我们去城市小学和乡村小学上课发现，城乡青少年之间不仅出现了知识的落差，还出现了梦想的落差。**能否创造出新的奇观，取决于拥有什么样的神奇梦想，即取决于对未来的定义权和话语权。**对"什么是明天的人类"这个问题的回答将决定一切。如何在下一代人身上培养好奇心、"游戏"心和想象力，让他们脑洞大开，比以前任何时候都重要，这是创新的秘诀，也是更大的善意。

三是创造新世界。科幻创造了四个新世界：

一是时间自由的世界，在该世界中，时间可以加速或者压缩，甚至人类可以进行时间旅行。技术还能直接在神经系统中创造一种感觉，让人觉得活一小时像活了几个世纪，经历许多次人生。

二是空间自由的世界。我们有能力到遥远的星际空间，也可以创造出纳米级别的新空间，或者改造传统的人类空间。比如，设想把城市折叠起来，让人居住，或者拆分普朗克空间，把过多的人口移民过去。

三是数字自由的世界。人在虚拟空间里可以随意腾挪，人的数字化身无所不能，拥有新生命。

四是意志自由的世界。技术使人类大脑的潜能得到释放，自我意识获得解放，人的精神世界得到前所未有的丰富。

所有的科幻都在这四个新世界里发生，所有的创造发明都是这四个新世界化出的碎片，其本质是寻求四种自由，同时创造出新的审美。英国科幻作家克拉克说，去外太空干什么？并不仅是去地外行星上挖几个矿，最根本的还是去看看宇宙有多美，从而激发我们的生存欲望和潜能。最好的产品是艺术性的，然后才是技术。善的前提是美。拥有构建世界的能力很重要，据说现在有一种叫作世界观构建师的新职业或新岗位。但问题是，在这四个新世界之外，我们有没有可能创造出第五个新世界？它到底是什么？目前还没有答案和线索。

新概念、新奇观、新世界，是正在到来的乌托邦。资本、技术、产品、流量，都在涌向这三个方向。很多人之所以每天寝食难安，就是希望能够在现实中找到新概念、新奇观、新世界的蛛丝马迹，并把它们抢先变现。

但科幻时代还有其他逻辑：

一是延迟性。凡是科幻预言的，大多会成为现实，这是科幻与魔幻的区别，但是成为现实的时间往往比预言的要晚，甚至晚很久。比如，科幻预言 21 世纪初人类会实现太阳系航行自由，但这一刻并没有如期到来；科幻预言我们将生活在一个遍布智能机器人的世界，这看上去也还有一段距离；在科幻世界中早就出现过物联网、3D 打印和飞行汽车，这些也都没有如期来临或无法达到预期效果。可以预料，肉身的存活而不是虚拟生存仍将是我们有生之年的头号问题，普通人对基础必备物资而不是高精尖技术的需求还在增加。因此，要对梦想保持谨慎，说得越热闹的就越要小心。有时候不做，或者慢做，都是一种善意。

二是不确定性。科幻描述的未来世界是不确定的，也是不稳定的，像《侏罗纪公园》那样，受制于混沌效应和非线性法则。一个小小的零部件出问题就可能会颠覆整台大机器。科幻描写了未来具有无穷可能性，任何事情都不能想当然地认为它一定如此。科幻作家更喜欢保持一种思考习惯，就是设想如果这样，那会怎样，去考虑最极端的情况。为什么科幻总会描写一些科学怪人？因为新事物诞生时，首先会产生一批"疯子"。大部分"疯子"会破产，会被关起来，或者自我毁灭，少数"疯子"坚持到最后才会成为赢家。

　　三是不完整性。科幻描写了丰富多彩的未来世界，同时暴露出巨大的匮乏。比如，有人认为有了大数据就一切皆能掌握，这是低估了宇宙的复杂性。如同《银河系漫游指南》这部科幻小说里超级计算机计算出来的宇宙答案，是一个谁也理解不了的神秘的"42"。我们面对的未知远大于已知。我们将长期在巨大的信息不对称下生存，同时有可能是拥有信息越多的人越危险，因为别人会把他当成威胁。在科幻中，连神级文明都不可能单独拥有控制宇宙的完整生产链，因此不要试图创造和掌控一切，而是要设法在环境、他人和某种不可言说的力量之间保持平衡并建立信任链，这需要更大的善意，尽可能减少敌意。

　　四是脆弱性。正如科幻小说《三体》中所描写的，没有什么是强大的，你随时会被替换、会消失、会蒸发。意料不到的东西可以攻破貌似强大的城堡。科幻很早就预言了智能汽车的脆弱性，在演习中，黑客可以很容易地侵入智能汽车的自动操纵系统，取代驾驶员和乘客，这给如何定义交通事故出了道难题。今后从无人机到医疗设备的所有智能机器相关领域都会遇到同样的问题。新的生存环境是机器越来越像人，而人越来越像机器。所谓善意，就是保持谦卑、处处小心。

　　五是短暂性。在人的寿命看似在延长的同时，很多事物的生命周期好像越来越短，从完美人设的明星到大型科技或地产企业，从一项技术到一个行业，无不如此。就像科幻作家何夕在《异域》里所描写的，一切已进入快进模式，在产生新事物的同时也产生了怪物，技术最需要对抗的是朝不保夕。有时，料理好后事比创造新事物更要紧。元宇宙更像罗马，在那里永生是妄想。取代元宇宙的东西在元宇宙到来之际就已经在酝酿中了。

我认为，延迟性、不确定性、不完整性、脆弱性、短暂性构成科幻时代的特征。所谓善意，就是对时代的剧变有所准备。

几千年来，人们今天的生活是由昨天发生了什么所决定的，考虑当下要做什么事，就要去读《史记》和《资治通鉴》。但情况发生了变化，即今天的生活是由明天决定的。洞察未来才能掌控现在。2021 年 12 月底，成都市连续击败法国的尼斯、美国的孟菲斯和加拿大的温伯尼，赢得第 81 届世界科幻大会的主办权。这是创办于 1939 年的世界科幻大会第二次来到亚洲，第一次是 2007 年在日本。地球上最有想象力的人首次汇聚在中国，一起探讨科技时代人类的前途命运。有人说，要了解中国的未来，就要了解中国的科幻，才能知道世界的未来。但我觉得，这并不容易，因为最近现实变得更加科幻了，并且开始超出科幻的预言。这值得注意。

科技是用来改变未来的，但未来可能并不希望被改变。从某种情况上讲，我们今后能否生存下去，取决于科技与未来这两大力量之间能否彼此怀有善意。这考验着人类的智慧和运气。

第三讲 打开算法黑箱：可解释 AI 为什么是下一次关键浪潮？

随着以机器学习为代表的新一代人工智能技术不断朝着更加先进、复杂、自主的方向发展，我们的经济和社会发展纷纷迎来了变革性的机遇。

但与此同时，AI 系统中很多算法背后的运作机制是未知的，在 AI 深度学习模型的输入数据和输出结果之间，存在着人们无法洞悉的"黑盒"，即使是专家也无法完全理解这些"黑盒"。

这种未知带来了难以管理的风险，包括安全性、隐私保护、公平性等。AI 系统的透明度、可解释性正逐渐成为热点，甚至上升到立法和监管方面的高度。可解释 AI 也成了各大主流科技公司研究的新兴领域，学术界与产业界等纷纷探索理解 AI 系统行为的方法和工具。

围绕这一主题和方向，我们邀请了来自行业前沿的多位专家，共同探讨可解释 AI 的概念、价值、挑战和未来趋势。

主持人:

杨 健，腾讯公司副总裁，腾讯研究院总顾问

嘉 宾:

杨 强，加拿大皇家科学院、加拿大工程院两院院士

姚 新，南方科技大学计算机科学与工程系主任

朱 菁，厦门大学人文学院院长

吴保元，腾讯 AI Lab 顾问

何凤翔，京东探索研究院算法科学家

郑冶枫，天衍实验室负责人

可解释 AI 的概念共识

· · ·

姚 新: 大家在讨论 AI 算法的透明性和可解释性的时候，首先应该考虑三个问题——Who、What 和 Why。

首先，到底对谁讲透明和可解释？因为就科学研究来讲，任何一项研究都必须透明和可解释，否则论文是发不出来的。因此，对科学家透明和可解释的内容，不一定是对大众透明和可解释的。其次，解释什么？解释模型做出来的结果还是解释这个模型的工作原理？最后，解释总要有一个目的，比如是要追究责任还是要帮助理解这个模型的科学原理。

根据对这"3W"的不同回答，关于透明性和可解释性

的解决办法可能也不一样。不管怎样，考虑透明性和可解释性的时候，**大家首先要有一个概念上的共识，知道我们是在讲同样一件事情，而不是用了同样一个名词，却在不同的抽象层次讲不同的问题。**

吴保元：可解释性是可信任 AI 的重要组成部分，是可信的前提条件之一，但是相比鲁棒性、公平性等可信特性，我觉得可解释性不是独立存在的概念。姚新老师提到我们到底在解释什么，其他特性都有明确的数学定义，如鲁棒性、公平性等，但是可解释性没有，因为我们单独提到它的时候，背后默认的更可能是对模型准确度的可解释性。或许这也可以解释为什么当前的可解释性研究思路这么多，却没有一个明确的框架，我觉得最主要的原因是它的解释对象不一样，没有办法统一到一起。

基于这种理解，我个人有一个小的想法，**不应该把其称为可解释性，把其称为可解释力或许更准确。** 称为可解释性，大家就可能会误认为它是一种独立存在的性质；而可解释力是一种可解释的能力，就像我们说的理解力、领导力等，它是一种手段、一种行为、一种操作存在。我觉得以后提到它的时候，应该准确地描述它是针对什么特性的可解释力，而不是笼统地对它进行描述。

可解释 AI 的价值何在？

· · ·

朱　菁： 人们对于人工智能系统可解释性、透明性的要求，大致有四个层次：

第一个层次是针对直接用户。直接用户需要了解人工智能产品、服务背后的原理是什么，这是建立可信任 AI 的重要基础。可解释 AI 实际上支撑了可信任 AI。

第二个层次是针对政策和监管部门。政策和监管部门希望通过解释原理来了解人工智能产品的公平性、可问责性，归因的过程是我们进一步问责、追究责任的基础，所以可解释 AI 是与负责任的 AI、可问责的 AI 联系在一起的。

第三个层次，从技术工程与科学的视角看，我们希望了解为什么某些算法能够成功，它成功背后的奥秘是什么，它的应用范围是什么，它能否在更大的范围内使用这样一些算法或者一些技术。

第四个层次，是公众理解 AI。如果公众普遍关心 AI，大家就能够在这方面了解相应的技术，以及系统大体的工作原理是什么。

何凤翔： 在现在的 AI 系统中，其实很多算法背后的运作机制是未知的，这种未知带来了难以管理的风险，包括安全性、鲁棒性、隐私保护和公平性等。

这些特性又关系到社会运转中非常关键的领域，如医疗、自动驾驶。这就会带来很大的应用方面的困难，以及社会对 AI 的不信任。因为当 AI 算法运作机制是未知的时，它的风险机制、风险大小、风险尺度就是未知的，我们就难以管理风险、控制风险。

可解释 AI 的挑战何在？
· · ·

姚　新：我的一个学生跟着我做了一点儿公平性方面的研究工作，得出的结果跟其他文献的发现非常一致：**模型的准确性和公平性之间是相互矛盾的**。性能最好的模型从公平性的角度来测量不见得最好，要考虑在实际过程中怎么来找一个折中的方案。

吴保元：可解释性本身的不可行、不可取，也是值得我们思考的问题。比如，我们在研究犯罪率或者疾病的传播率、发病率等问题的时候，如果我们拿现成的统计数据，如在不同种族、不同地域采集的数据，就很有可能得出某些种族或者某些地域犯罪率很高的结论，这是因为数据采集的时候就是这样的。

这样一来，如果可解释给出的类似结论被公开，就可能造成种族或者地域歧视。但实际上，在数据背后，是我们在采集的时候没有采集其他特性。比如，为什么这个地域的传播率很高？很有可能是因为政府投入不足，或者其他因素。

因此，这也启发我们，可解释性本身的准确性和公平性是否忽略或者夸大了某些特征。由于它的鲁棒性特征，是不是把样本变化一点儿，它的可解释性就截然相反，这些都需要我们进一步思考。

另外，我跟很多研究可解释性的专家聊过，他们的困惑在于现在的可解释性方法是不可印证的，这就引出了可解释性方法本身的可信度问题。

何凤翔：在我看来，理解深度学习算法的运作机制，大致有理论和实践两条路径。在理论方面，当前的研究无法完全解释，在理论上泛化性较差的深度模型为何能在多领域取得如此成功。这种理论与实践的矛盾，就像物理学中的"乌云"一样，反映出人们对于机器学习理解的缺失，而这是在理论上提升算法可解释性的一个难点。

从实验角度看，很多实验学科中的做法对于机器学习研究也非常有启发，如物理学、化学和医疗。物理学、化学的研究对控制变量实验有严格要求，如在药物研发流程中的合格检验需要做双盲实验。类似的机制能否在 AI 研究中严格执行呢？我觉得这可能是另外一条路径。在我看来，现有很多对于 AI 算法的解释是启发式的，而在关键领域中我们需要的是证据，这需要在理论和实验方面做很多工作。

可解释 AI 如何实现？

• • •

朱　菁：实际上，关于人工智能的可解释性问题是多元性的，就是要允许有多种不同层次、不同方式的解释在此起作用，针对不同的领域、不同的对象，使用不同的解释方式。

当可解释性有某些局限或者其他目标，需要做出权衡取舍的时候，我们可以从多个层面来做出替代性的、补充性的策略，如监管部门对于可解释性的要求和面向公众或专家层面的要求会有所不同。在专家层面上有更好的沟通理解，而对于社会公众而言，这里面就需要有一些转换，同时需要一些有公信力的部门向社会做一些说明和认定。

姚　新：我觉得现在大家用深度神经网络有一个原因，即所要解决的问题本身就比较复杂，那么相应的可解释性就不会特别好理解。因为要对付这些复杂性问题，其相应的模型也必然是复杂的。

因此，我觉得透明性、可解释性和性能之间有一个固有矛盾，如果现在从技术上讨论怎么找一个折中方案，**根据不同的场景、可解释的目的找折中方案**，就有可能会催生一些比较具体的技术，或者可以促进这些技术落地。

吴保元： 我们尝试过用一些从技术上可行的方案去量化各种可信特性，但要实现统一量化很困难，如公平性和鲁棒性都有不同的量化准则和指标。当把不同的特性简单地组合到一起的时候也很难优化，因为它们的准则是高度不对齐的，差异非常大，这就涉及怎么去对齐这些特性坐标。

我认为，想要找到一个全局坐标系是非常困难的。我们可以从局部出发，针对某种场景，如医疗场景，首先把隐私性当作前提，在金融或自动驾驶场景，**我们把鲁棒性当作前提，然后去研究其他特性，这样或许能够一步步地找到这种坐标系。**

可解释 AI 的技术现状
· · ·

郑冶枫： 总体来说，我们现在还缺乏非常好的理论框架，所以我们针对一些问题，创造性地得出一些算法，试图提高这个系统本身的可解释性。给大家举两个例子来说明一下天衍实验室在这方面的探索。

深度学习可能有千亿、万亿个参数，这对于医生来说太复杂了，医生很难理解这个算法的底层原理，而且算法本身也可能缺乏一个全局的可解释性。但是深度学习框架的准确率非常高，所以我们不可能不用。而可解释性非常好的模型就是回归模型，但这类模型的主要问题就是准确率太低。因此，**我们做了一个探索，**

希望把这两个模型结合起来，使其具有非常高的准确率，还有一定的可解释性（不是完全可解释性）。

我们把这个混合模型用于疾病风险预测，根据患者历次的就诊记录，预测患者在未来 6 个月之内患某个重大疾病的概率，如其患脑卒中的概率。患者每次的就诊记录都包含大量信息，我们需要从中提取一些跟预测目标相关的重要信息。而深度学习网络最擅长的就是自动特征学习，所以我们利用深度学习网络把一次就诊记录压缩成一个特征的向量，接着我们利用回归模型，把多次就诊记录综合起来，预测未来 6 个月之内患者患脑卒中的概率。

这里我们用的是稀疏线性回归模型，从患者几十次、上百次的历年就诊记录里面，选取几次与预测目标最相关的就诊记录，给相应的权重，得出最后的风险预测。这种稀疏线性回归模型的可解释性非常好，因为它只关注很少的变量，很容易理解。这是一个全局性的可解释性，比深度学习要好很多。

杨　强：我们在审视各种算法及其对应的可解释性关联问题上，发现了一个有趣的现象，比如，在机器学习里，深度学习属于效率非常高的，但是其对应的可解释性却很差。同样，线性模型的效率没有那么高，但是其对应的可解释性相对强一些。这样，我们往往需要做一个取舍，就是在可解释性和高效率这两个维度里选择哪一个，现在还没有可以兼得的算法。

可解释 AI 的行业实践

· · ·

郑冶枫：各行业对可解释性和透明性的要求都不同，我结合医疗 AI 场景给大家分享一下我的体会和理解。大家或许知道，医疗在全世界范围内都是被强监管的领域，一款医疗产品要上市必须拿到医疗器械注册证，辅助诊断算法 AI 产品属于三类医疗，即监管最严格的级别，所以我们要披露的信息很多，大致包括数据集和临床算法验证两方面。前者主要强调数据集的公平多样性和广泛覆盖性，后者则重视披露我们的算法真正在临床试验中、临床应用时的性能。

此外，测试样本也需要有很好的多样性，覆盖不同区域、不同医院、不同患者群体、不同厂商、不同扫描参数等。临床试验则更加严格，首先我们要固化算法的代码，在临床试验期间是不能改代码的，不能一边做试验一边改代码，这就失去了临床试验的意义。

因此，医疗 AI 的监管是非常严格的，药监局要求我们披露很多信息，有非常严格的书面要求，以提高医疗 AI 产品的透明性。深度学习网络天然不具备很好的可解释性，虽然可以做一些中间增强，可以在一定程度上有所改善，但正因为可解释性差，所以要求的透明性更高。

何凤翔：我觉得提供 AI 系统的说明书有两个路径。第一个路径是从生成 AI 系统的过程出发，在这方面现在已经有一些实践，比如开源代码，说明使用了什么数据，数据是如何使用的、如何预处理的。这会增强人们对 AI 的信任和理解，这也像郑冶枫老师提到的，申请医疗相关的资质时，我们需要把生产细节汇报给相关机构。

第二个路径是从生成的 AI 系统所做出的预测及决策的指标来入手做算法的说明书，如对 AI 系统做一些测评，对于刚才我们提到的指标，包括可解释性、鲁棒性、准确性、隐私保护、公平性，找到一些比较好的量化指标和评测算法，将这些指标纳入 AI 系统的使用说明书。

可解释 AI 的未来发展
· · ·

杨　强： 我期待在未来的人工智能领域，人和机器能和谐共存，在共同解决我们所面临的问题的前提下，越来越成熟。我非常看好这个领域。

朱　菁： 我期待对这个领域的进一步探讨，不同领域的学者都能够参与进来。我主要做的是科技哲学。在科技哲学领域，实际上对于"解释"有将近 100 年的积累和探索，这里面应该有很多可以借鉴、发掘的资源，可以纳入目前这样一个很有意思、很有挑战性的话题里。

何凤翔： AI 本身是一个跨学科领域，它可能会用到数学、统计、物理、计算机等各个领域的知识。而今天提到的很多点，如隐私保护、公平性，都与人文学科、法律、社会学等领域的知识密切相关，所以这就意味着研究可信 AI 及可解释性等方面，需要各个学科领域的人合作起来，共同推进这个领域的发展。

姚　新： 对于做研究来说，我希望将来可以有一些聚焦的讨论。就如我刚才讲的，到底我们要解决透明性、可解释性的哪一部分、对谁而言。比如在医疗领域，是对法规的制定者而言还是对医生而言，又或者是对患者而言，甚至是对这个系统的开发者而言，我觉得这里有非常多可以发挥想象力和能力的地方。

吴保元： 我们希望今后的 AI 研究者具备综合的思考能力，不只关注于某一个特性，如关注准确度。希望把可信当作一个前提条件，作为多种特性之间的关联，这是值得思考的。希望 AI 的研究者和人文学者多多交流，开拓视野。对于公众和政府来讲，希望通过讨论可以了解到当前的发展现状，希望用一种包容的心态了解这个领域。

郑冶枫： 对算法人员而言，我们当然希望将来科学家能够找到具有良好的可解释性，同时准确性又非常高的算法，真正做到鱼和熊掌兼得。

第四讲 信息无障碍：从城市盲道到数字包容

在中国，无障碍环境建设获得了多方的关注和重视。早在 20 世纪 50 年代，我国就从政策的高度为保障障碍群体的权益做出了详细解释。从 1990 年开始，盲道就已成为我国城市道路基本建设的硬性指标。

时至今日，伴随着科技与网络的高速发展，人类的栖息空间已扩展至物理与虚拟的双重领域中。其中，网络数字技术给我们的生活带来了诸多新的机遇，尤其是对障碍群体，如视障、听障、认知障碍等人群，使他们对未来的选择更加多样化。

信息无障碍俨然已成为新的关注焦点。在现实生活中，很多人会觉得信息无障碍和自己全无关系，但其实根据世界银行和世界卫生组织于 2011 年出版的《世界残障报告》，每个人的一生中平均 11% 的时间处于"残障"状态。当我们大多数人步入老年时，多少都会面临视觉、听觉、触觉甚至认知上的障碍。因此，无障碍不只服务先天或后天处于残障状态的人群，还服务患有轻中度障碍的老年群体和出现短时障碍的群体。

主持人：

　　王健飞：腾讯研究院高级研究员

嘉宾：

　　王伟力：北京红丹丹视障文化服务中心创始人

　　陈　妍：腾讯用户研究与体验设计部总经理

　　李思潼：OPPO 高级产品经理

　　茅明睿：城市象限创始人

　　肖　玮：腾讯天籁实验室专家研究员

帮助视障者，也是在帮助我们自己

· · ·

王伟力：　早在 2000 年我们就开始关注视障群体。在这个过程中我们逐渐发现，视障群体的生存障碍在社会教育和就业等方面都有所体现，于是我们开始思考如何从根源上让视障群体能像拥有正常视力的人一样获得信息。围绕这个构想，我们展开了一系列的活动和项目，一直延续至今。

　　　　我们通过心目影院（为盲人讲电影）、心目有声图书馆（制作具有国际标准的数字信息无障碍系统语音图书和文本图书，为盲人提供阅读服务）、提供艺术实践等视觉讲述的方式来保障视障群体能和拥有正常视力的人一样平等地获取信息，满足其"看"世界的需求。

盲人有先天盲和后天盲之分，他们在对信息的感知上是不一样的，先天盲的人从小就开始适应和接受这种生活。在这种前提下他们形成了自己独特的信息处理和思考的方式，甚至他们的梦境都和拥有正常视力的人的梦境不一样。

后天盲的人会有很多以前的视觉记忆，甚至还有视觉联想，他们能够把听到的事情跟以前的视觉实践的记忆关联起来。但是一些后天盲的人，如果长时间没有获取新的视觉信息，就会缺失对这个世界视觉信息的感知和想象能力。

视觉信息的长期缺失会给盲人分析和思考问题带来障碍，从而造成视障群体逐渐被边缘化的状况。因此，我们在思考，如果他们有视觉信息的补充，如我们通过讲述的方式为他们补足这些缺失的信息，久而久之，他们就会像拥有正常视力的人一样能够获取社会常态化的信息，减小与社会的距离，从而能够更好地生活、学习和思考。

更重要的是，我们希望：首先是通过视觉讲述让视障群体能够了解这个世界究竟是什么样子的；其次是所有参与助盲志愿服务的志愿者会在讲述的过程中，重新思考生命的价值。

可以说在这个过程中，我们既帮助了视障群体，也在帮助他们的过程中获得了观察世界、认识生活的新视角、新体验。因此，助盲视觉讲述既助人也助己。

信息无障碍的业界探索

· · ·

王健飞：我们在和各家公司的无障碍团队进行沟通的时候发现，信息无障碍在产品层面其实是一件非常复杂的事情，它不像盲道，一经铺就，视障群体就能立马使用。

我们拿到一个产品，会先看使用说明书，会看各种视觉引导，但视障群体要靠听去了解产品，所以产品设计的侧重点会有很大的不同。

无障碍产品的设计会涉及视障用户的使用逻辑问题，比如，我们拿到一个产品，会先看使用说明书，会看各种视觉引导，但视障群体要靠听去了解产品，所以产品设计的侧重点会有很大的不同。

陈　妍：腾讯在 2011 年就开始关注视障群体，观察他们怎么使用腾讯的产品，思考他们的交互逻辑和拥有正常视力的人的交互逻辑之间的区别。

我们最早在无障碍方面的实践工作是努力做到将程式上所有的功能都准确地定位到具体按键上，并且这个功能对应的按键提示可以被读屏软件读出来。另外，我们最近的研究发现，对视障群体而言，使用智能移动电话解锁验证码和购物时"看"清楚商品信息是他们日常生活中最常见也是最亟须解决的问题。为此，我们团队一直在探索具体的解决方案。

针对视障群体解锁验证码时，无法像拥有正常视力的人一样用算数、识别物体、画特定曲线等操作，我们不断摸索如何解决这样的问题，并尝试设计出了倒数计时等待验证的方法，让视障群体可以免去登录操作。

在数据安全方面，我们的技术部门会针对恶意操作和危险操作做出规避，从而保证视障群体的数字财产安全。

此外，我们花了较长时间去探索的创新项目是尝试使用移动电话摄像头帮助视障群体识别现实世界中的一些信息。我们通过用户研究具体了解到视障群体在生活中的各种障碍场景，比如在户外的时候，他们遇到的障碍有识别红绿灯、通过斑马线、坐公交车时找导航等。

哪怕在熟悉的室内居家环境，他们也会遇到一些问题。比如，对于如何操作家电，一般来说他们多试几次，基本上就能够靠自己的触觉进行识别和操作，但有些问题对他们来说是非常无奈的，如识别食品或药品上的信息（成分、有效期等）。因此，我们就想能不能通过技术手段帮他们排除这样的障碍？我们的技术团队尝试利用 OCR 技术，通过扫描商品信息后语言播报的方式，来帮助视障群体快速了解信息。目前，这款产品已经在测试阶段了，还需要通过调整算法和加大数据积累等方式来进一步优化。

除此之外，我们希望在研究和研发阶段能够快速地找到目标用户，比如，在产品需要做适老化改造的时候，就会用到腾讯问卷历年积累的老年人用户样本做用户研究，快速解决产品定位问题、找准产品方向。

在无障碍项目研究过程中，有一位大姐深深地打动了我。她是一个非常乐观的盲人，在我们访问她的时候，她向我们表述，QQ 这样的产品帮她打开了一扇门，她通过QQ可以足不出户跟外面的世界进行交流和沟通。她的快乐极大地感染了我们，让我们从这项工作中获得了更大的成就感，鼓励着我们坚持下去。

王健飞：其实在智能移动电话刚刚问世的时候，很多人担心没有了实体按键的移动电话会不会让视障群体使用变得困难。我国的智能手机厂商早已关注到信息无障碍领域，相较于较为基础的手机读屏软件，OPPO 已经成功探索出更进一步的解决方案。

李思潼：我想给大家分享一个故事。曾经，一位同事发给我一份 PPT，说："修改的地方都标红了。"但我找遍了全文都没有找到标红的地方，后来才发现他标的是绿色。

想必大家也猜到了，其实我的这位同事是色盲。

我们在研究中发现，全球有 16% 的人群为色弱色盲，68% 的人群为色觉正常，剩下的 16% 为色觉极其敏感的人群。因为受到遗传基因的影响，最常见的红绿色盲体现在 X 染色体上，会随着非色弱色盲母亲遗传给儿子，因此男性患色弱色盲的概率会比女性更多，大约每 12 个男性用户中就有 1 个色弱色盲，大约每200个女性用户中有 1 个色弱色盲，全球各地的分布比例大致相当。

他们可能难以通过色彩来分辨十字路口的红绿灯是否

允许通过、打游戏时难以分清对方是敌是友。不过色觉障碍群体的困难并不像视障、肢体障碍那样显性地出现在我们眼前，也就被人忽视了，但他们的需求不应该被忽视。于是我们就在想，作为终端移动电话厂商能够做出哪些改变？

我们决定给用户提供一块智能的屏幕，它可以根据用户的色盲类型，调节屏幕参数。但是问题接踵而至——许多色盲用户并不知道自己真正对哪个颜色感知出现了问题。

而纵观移动电话行业，现有的技术只能做到让用户选择色盲类型与强弱进行调整，但如果用户不知道自己是哪一类色弱色盲时，根本不知道该如何选择。目前大家能够接触到的医学常用的假同色图检测法，虽然可以检测用户属于哪个类型的色弱色盲，却不能检测出轻重程度。

因此，我们的第一步是用科学的方法让用户知道自己的色盲类型，继而给出屏幕调整方案。我们根据视锥神经的特征，寻找到色彩行业里检测方式最为准确的"孟塞尔色棋"检测方法，并把它迁移到手机上，最终形成了 OPPO 的色觉障碍检测方案和 OPPO 自主研发的"千人千屏"色彩补偿方案。在整个效果测试中，用户辨色准确率从原有的 20% 左右提升到了 80%。

"千人千屏"功能已经在 2022 年 3 月搭载于 OPPO Find X3 系列产品上了，我们也完成了现有检测能力 SDK

的开发，并将此能力运用到更多的硬件设备及软件内容
App 上，让全球用户都可以体验到 OPPO 的"千人千
屏"功能。其实"千人千屏"功能只是刚刚迈出了一
步，我们正在与无障碍研究会进行深度人群调研，希
望凭借技术的进步、算法的优化，在未来的迭代版本
上，能给予色觉障碍群体更多帮助。

此外，OPPO 一直以来都密切关注无障碍的功能需求，
为障碍群体提供多种辅助移动电话操作的体验。目前，
OPPO 已经提供了 21 个谷歌原生无障碍功能和 3 个特
色功能，包括"千人千屏"、语音字幕和无障碍颜色
模式。未来，我们还将继续关注障碍群体的需求，承
担推动信息无障碍普及的企业责任，践行"科技为人，
以善天下"的品牌理念，服务于全球用户。

利用数字技术反哺障碍群体

· · ·

王健飞：2021 年，腾讯在做科技向善案例研究时，注意到了这
样一个实践案例，此案例和其他直接帮助视障群体的
案例不同，是借助智能盲杖来优化城市中的盲道和无
障碍设施的规划与治理问题。

茅明睿：我们之前做了这样一个项目——为视障群体设计并制
作装有 GPS 和雷达波的导盲手杖。这个手杖可以帮助
视障群体更加高效和安全地出行，这是其针对个体层面
的意义。但实际上我们所考虑的是如何促进整个社会

无障碍环境建设的数字化转型问题。

在获得用户许可后，导盲手杖在使用过程中会记录雷达波的反射数据和位置信息，随后将收集到的数据回传至服务器，并通过后台算法将其合成到地图上。通过这样的方式，就能知道盲人的活动区域、行走路线，以及在行走过程中在什么地方遇到了障碍问题。

我们希望这些带有雷达扫描和数据回传的导盲手杖，在未来可以扩大生产。在北京，有约 10 万名视障人士，如果我们能够生产 10 万根导盲手杖送给他们，并且依托他们回传的数据，就能够准确地知道视障群体的生活区域和他们所遇到的问题。这样在进行城市的无障碍环境建设时，就可以把公共财政资金精准地投入视障群体的活动区域和出行问题节点上，可以降低城市的改造成本，同时也可以有效提升视障群体的获得感。

此外，我们针对现有的无障碍建设的各种规范标准，将其构建成知识图谱。有了这些图谱数据库，我们便可以和互联网地图应用合作，让每类设施都关联上相应的无障碍建设的相关要求。有了这样一个基础，我们就有可能通过众包的方式获得反馈，让市民通过简单的选项评价无障碍建设是否符合要求。例如，这个餐馆有没有坡道、扶手，商场有没有无障碍厕所，等等。这样既可以实现城市无障碍环境的评价和监测，还可以增强全社会的无障碍意识。信息无障碍社会环境的数字化建设一方面依赖于大量的用户行为数据支持，另一方面需要创造一个全民参与无障碍环境建设的生态，让大家参与进来共同解决这个问题。

王健飞: 类似利用数字技术去反哺障碍群体的案例，在现实生活中也有很多，而且也不局限在视障这个领域。腾讯天籁实验室在 2021 年做过一系列面向听障群体的探索，让我们来看看他们在听障领域进行技术赋能的一些实践。

肖 玮: 腾讯天籁实验室的前身是腾讯多媒体实验室的音频团队，现在主要服务于腾讯会议、TRTC 等产品。我们希望为用户提供完备的音频解决方案，让用户能够听得清、听得真。

在信息无障碍方面，我们的初心是既然积累了那么多通信音频方面的技术，为何不把它们拿出来做一些改造，然后服务于听障群体，为社会做一些贡献。

实际上，在日常生活中，听障问题始终围绕在我们身边。统计数据表明，一个人从开始出现听力欠佳，到真正被确诊有严重的听力问题，这个过程的平均时间是 7 年。因此，听力健康问题应该引起每个人的注意，尤其在长时间佩戴耳机或长期暴露在超标噪声环境下时，更应该定期关注听力状态，定期给耳朵"放假"。

腾讯天籁实验室在 2021 年对外公布了一个集测听、辅听、远程康复的 App。用户用移动电话便可以轻松查看自己当前的听力健康状况。

这款 App 基于精准测量，可以针对个人的听损状态，在特定的频段施加不同的辅听增益，从而提供个性化辅听。经过测试，在林氏六音（针对听障人士的一种听力水平测试）等测试场景下，可以提升单音识别率约66%。

此外，我们在2021年爱耳日期间，基于数字测听技术，进行了一次国内听力状态的大数据分析。我们把各个年龄段的低分人群进行对比分析后发现，20~30岁这个年龄的人群，其中听力低分人群的平均听力状态比30~40岁的听力低分人群的平均听力状态还要差。

这个现象提示我们去思考其中的原因，其实这可能就跟我们所说的噪声暴力有关。比如，很多年轻人都喜欢戴着耳机看视频、听歌，可能一天要戴十几个小时，另外有一些娱乐的噪声、建筑的噪声等，这些可能会影响年轻人整体的听力状态，所以，我们更应该关注低年龄段人群的听力健康问题。

简单地说，不管是听歌，还是看视频，音量都别调得太高。建议每天戴耳机的时间不要超过6个小时，这一点很重要。在安全听力范围方面，我们希望各个App能够有类似智能报警的功能。

对很多老年人来说，听力高频损害是发生在他们身上的概率最高的听力疾病之一，很多时候老年人之所以听不清，是因为他们无法感知声音的部分频率，尤其是在充满噪声的环境下，某些音色的声音会导致老年群体的声音感知能力进一步下降。

另外，听障用户最大的痛点是噪声干扰。在噪声环境下，听障用户对语言表达准确度的感知要比正常用户差很多，噪声干扰越强就越听不清楚。我们尝试通过"增强语音"的方式做"语音增强"，把用户听到的带噪声的语音段保留之后做噪声抑制。利用最新的 AI 语音增强技术，可以在保留语音的前提下，有效地抑制噪声，不管是音乐干扰声，还是人声干扰声，甚至是风的噪声，都可以被有效抑制，从而让语音更清楚。

王健飞：我有一个问题想接着肖玮老师的发言追问一下，在你们和听障群体的沟通过程中有没有发现，他们对数字产品是否会有一些不一样的诉求？

肖　玮：我跟他们交流之后最大的感触是，我们之间的交流如此顺利，这要感谢各种助听设备的帮助。目前，很多设备或者 App 都在无障碍方面有一些尝试。当然，听障用户也希望有更好的声音体验，以提升生活质量。这方面还需要我们做出更多的努力。比如，做一些用户数据调研，知道听障用户的体验痛点。我觉得这一点很关键。

王健飞：我想接着肖玮老师的这个回答问一下陈妍老师，对障碍群体而言，普通的用户调研手段和数据可能对他们不是那么适用，因为我们很难从后台数据中把障碍群体的数据识别并挑选出来，那么怎样发现障碍群体的特殊需求呢？

陈　妍：在现在整个互联网发展的大趋势下，践行"用户为本，科技向善"的使命愿景，要求我们对听障用户始终保持观察和探索。QQ 群是我们最开始使用的，也是一直在用的一种收集障碍用户问题的渠道。他们常常在群里跟我们提一些产品使用上的问题，包括他们有什么需求，或者我们的程序有什么错误。另外，我们会定期维护和更新不同障碍群体的样本库，向他们发送调研请求。我们有时也会以访谈的形式邀请他们给我们讲述产品使用过程中的问题。比如，"腾讯为伴"项目，我们主动走近、观察并记录障碍群体的日常生活，从中发现痛点，并思考如何去解决。

对腾讯而言，用户参与产品／服务共创的文化基因一直伴随着我们，这也是腾讯十几年来一直坚持的一个研发习惯。

王健飞：我有一个问题想请教王伟力老师，互联网飞速发展给我们的社会生活带来了翻天覆地的变化，那么对于视障群体而言，数字工具的飞速发展会给他们带来什么影响？他们对数字工具／产品有什么不一样的使用诉求吗？

王伟力：就我所了解的，扫描二维码和查看图片是视障群体使用移动电话时最明显的两个痛点。因为相较于读取纯文字，读屏软件有时无法读取二维码或图片所要表达的具体内容，从而更无法向盲人朋友传达图片背后的深层含义。

主持人：我还有一个问题想问茅明睿老师，城市象限是一家创业公司，而像信息无障碍这样的业务，通常都是互联网大厂投入资源去做的，您当时是怎么想到要去做这件事的呢？

茅明睿：我在创业之前是一名规划师，现在主要是在用一些新的技术方法研究、分析城市中的空间问题、治理问题和规划问题，后来我们把这个能力称为城市体检的能力，我们把城市当作一个有机的生命体，去看这个城市得了什么病，怎么去治疗它。

要开展城市体检，首先需要一个价值体系来评估城市好或不好，其中城市的包容性就是一个非常重要的价值体系。但是，我们如何去实现城市包容性的测度就成了一个很重要的问题，所以我们开始关注城市的老龄友好、儿童友好、新职业青年友好等。当然，更重要的一点，就是残障人士友好和无障碍环境的问题。

当有机会接触到红丹丹文化助盲的用户时，我就积极地想跟他们合作，站在他们的视角去看我们的城市在包容性、在无障碍上都有什么问题，哪些问题是如果不接触视障群体就可能感知不到的，或者没有办法真正地以他们的立场去体会的。

因此，我们把自己的技术能力跟这个群体的需求和一些场景进行了结合，于是便有了我们现在的这项工作。

第二篇

新浪潮

第五讲　黄灯——"二本学生"：沉默的社会中坚

作为一名二本院校的教师，同时也是《我的二本学生》一书的作者，深圳职业技术学院黄灯教授讲述了长期以来自己对二本学生的观察与思考。她希望通过自己的写作和讲述，能够让当下那些和她有着一样起点的年轻人，能够拥有更多改变命运的机会，能够坚信明天有着丰富的可能。

以下为黄灯的演讲全文：

2020 年 8 月，我出版了非虚构作品《我的二本学生》，这是我从教十几年来的一本教学札记。很多人问我，二本学生到底是什么样的？二本学生和重点大学的孩子到底有什么差异？还有人说，二本学生都这么难，那么专科生怎么办？中职生怎么办？初中毕业，甚至早早辍学进入社会的人又该怎么办？

面对这些追问和质疑，我感到自己其实并没有通过写作说清楚"二本学生"这个庞大群体的全貌，尽管从我的课堂走出的学生多达四五千人，尽管我曾真实地和他们共处过不少时光，但我并不能对这个群体做出任何整体性的叙述。《我的二本学生》与其说是一个从教经历总结，不如说是一个一线教师长期的私人观察，它裸露了我内心的困惑、思考与无助。

我在 2005 年博士毕业后，进入一所二本院校任教；2006年第一次当班主任，接手一个班级，他们出生于 1987 年前后；2016 年，我第二次当班主任，接手另一个班级，这批孩子出生于 1996 年前后。换言之，我见证了"80 后""90 后"两批年轻人的成长历程。

我对我的学生也曾有过偏见

虽然我也是毕业于一所二本院校，但我必须承认，因为代际的差异，在真正进入大学任教以前，我对即将面对的学生群体也抱有一些偏见。

我是湖南人，广东在我心目中是一个比自己家乡富裕很多的地方。在走向讲台之前，我一直以为广东的孩子大多衣食无忧，直到 2006 年 5 月 23 日的一次公共课，这个印象才得以改变。当天，我给计科系（计算机科学与技术系）的学生上"大学语文"，因为刮台风，我就让学生以《风》为题写一篇作文。一个名叫邓桦真的女孩很快交了作业。从她的叙述中，我看到了一个家庭的真相：她出生于一个多子女家庭，父母每月的收入不足 1000 元，来自农村的她，甚至不知道自己第二天的生活费在哪里。她用最简单的语言坦承了自己的困惑，却对我造成了极大的冲击。

　　我从来没有意识到，在那些比我小十几岁的学生里，居然还有人正在承受着如此的困境。"贫穷"这个词语，我以为早已远离了日常生活，但没想到身边的孩子正深陷其中。这件事不但调整了我日后从教的视角，也成为我想要进一步记录、观察这个群体的隐秘契机。后来我了解到，尽管我的学生大部分都来自广东，但也有不少学生在面临着与邓桦真一样的困境，他们有的来自粤北、粤西的偏远乡村，也有的来自更加贫穷的小镇。

　　在走向讲台之前，我一直以为，我的学生之所以能够考上一所二本院校，一定是因为不够勤奋。直到 2010 年下学期，我在肇庆校区上课，来自甘肃的刘婉丽和我讲述了她的成长经历。她是一个在西北地区长大的孩子，从初中开始，每天都要进行十几个小时高强度的学习；到了高中阶段，更是夜以继日，哪怕身体出了不少问题，也会咬紧牙关，坚持学习，只有这样，她才考上了我所任教的学校。所谓的"衡水模式"，其实一直是不少乡村学生自主习得的有效法宝。

　　类似的经历，我在其他学生那儿也听到过。有一位名叫陈雪的学生，来自潮州，她告诉我她在念高中时，为了多一点儿时间来学习，洗完澡后连吹头发的几分钟都舍不得耽误，总是头发湿漉漉地跑进教室；另一位名叫罗益鹏的学生来自梅县，他在课堂上直接拿出早已见底的"万金油"，告诉我们他的高中生活就是依赖这种外在的刺激，才得以顺利度过。

　　我后来还注意到，我的学生有很多都来自普通家庭，为了让他们考上大学，家里已竭尽全力。也正因为父母竭尽全力的付出，使他们在面对乡村的封闭和亲人的期待时，常常会陷入无法言说的尴尬境地。

来自郁南的袁皓每次放假回家，总会被村里人追问毕业能分配到哪里，他们根本就不知道现在的大学生都是自主择业。来自台山的罗超的妈妈，以为自己的儿子大学毕业后，就能在广州工作买房，顺利安家，从来不知道就业的形势有多严峻，对广州的房价也没有直接的感知，她对大学的印象始终停留在自己年轻时候的 20 世纪 80 年代。他们和我说起这些时，都只能苦笑摇头。他们虽然因为求学来到大城市，但依然背负着沉重的压力。

被无形绳索牵住的"90 后"

这些和学生相处的普通片段，极大地瓦解了我的偏见，也让我看到了二本学生这个群体的底色。2018 年，在我任教第 13 年的时候，我突然感觉有很多话想说。我的脑海里，始终有很多年轻人走来走去，尽管面目模糊，但在我芜杂的视野中，踩出了一条越来越清晰的路径。我意识到自己累积了太多关于这个群体直觉式的观察和思考，尽管这种直觉很难让我说出一个清晰的结论，但正是这种经过时间过滤的印象，让我意识到这些碎片式的观察，可能承载了一些重要的命题，这也是我决定提笔写作的原因。

那么，我到底观察到了什么呢？

首先，从精神状态而言，我觉得讲台下的学生，他们的青春少了一份张扬和放肆，多了一份规训过后的沉默和乖巧。作为网络原住民，我感觉他们的生命，被过多的概念、符号和信息所架空，与真实的世界之间出现了越来越多的隔膜。

我的学生从来没有因为观点的不同和我发生过任何争论，也从来不会过多地追问今天年轻人的现状和时代之间到底有什么样的关联。讲台下的学生，一届比一届安静。班上的男生，很少去追求女生。那种属于年轻人本能的"粗粝"和"莽撞"，那种不管不顾、奋不顾身的蓬勃活力，仿佛被一条无形的绳索牵住。

也许是多年应试教育的惯性，他们经过无数次紧张的课堂、数不清的题海战术及千百次的考试后，虽然在标准答案的召唤中，从庞大的考生队伍中艰难突围，但这种过度的透支，早已悄然磨平了他们的青春锐气。

多年来，我最害怕课堂上的沉默，我宁愿台下的学生活蹦乱跳、站起来顶嘴、大胆地发表漏洞百出的看法，也不愿看到他们安安静静地做笔记、缄默而又淡然、缺乏和他人交流的兴趣。

对我而言，所有课堂面临的最大挑战都不是学习问题，也不是知识问题，而是无法触及一个真实群体的问题。他们压抑自己，在应试教育的高压下，难以认清真实的个体，一种深深的茫然在不经意中总会笼罩我的课堂。

随着我对学生了解的增多，我发现"90后"这一代学生的成长路径和"80后"这一代学生相比，有很大的不同。

"80后"这一代学生，没有背负太多的就业压力，他们更放松、更重视个人兴趣。班上有一个男生特别喜欢跳舞，有时在教室，同学们起哄让他跳一曲，他就会大大方方地来一段。还有一个男生喜欢武侠小说，还在上大一、大二时写下几十万字。他们也更愿意和我交流，会问我一些和学习无关的问题。

但是，到"90后"这一代学生，我在他们身上始终找不到当班主任的感觉。他们非常乖巧，我几乎不用费精力去管他们，但他们仿佛和谁都保持距离，不但很少主动和我交流，和同学的交流也保持心照不宣的界限。我感到他们和现实生活、真实的日常始终有一种疏离感，虚拟仿佛就是他们最大的真实。他们从小被视像、网络包围，手机就像不可缺少的器官一样挂在身上，哪怕在课堂，低头看手机也已成为最常见的举动。

他们很少坦然谈论自己的出身和家庭情况，对身边真实的世界——自己的父辈、身后的村庄、成长的社区、食堂的打饭阿姨等，都没有太多的兴趣去了解。他们仿佛活在互联网造就的单一价值体系里，对具体生活的想象也像来自网络的引导。

我问自己：到底能做些什么？

应试教育和网络的双重夹击对年轻人精神的损耗，总是让我反省，在大学这个相比中学能动性更强一点儿的课堂中，我问自己：到底能做些什么？

因为教学的便利，他们不愿意说，我就尝试改变和他们的交流方式，将写作嵌入课程，鼓励他们抛弃学生腔的套路，从身边的世界寻找素材，通过书写，梳理个人的成长经历、回望生养自己的村庄、重新了解身边的亲人。我发现，一旦让学生从寻找意义的桎梏中摆脱出来，写作对他们而言，就成了生命中重要的倾诉途径。

同时，我也会结合自己的成长经历，尽可能多地引导他们坦然面对生活中的挫败和不堪，诸如贫穷、留守、缺爱和自卑所带来的伤害。我在带学生的过程中发现，那些能够走出这一关、坦然面对自己的过去、坦然面对生活真相的学生，会更顺利地融入社会，也会更好地承受社会的锻压。

但更多时候，当学生陷入迷惑而我也无能为力时，我就会鼓励他们去做一些具体的事情，比如去学校周边的城中村逛逛，尝试跟快餐店老板、外卖员聊聊天。

但这些举措到底能在多大的程度上减缓标准答案和信息泛滥对学生心灵的异化，我其实并没有太大把握，我甚至不知道这种过度的敏感和担心，是否恰好暴露了我内心的保守和焦虑。我只不过希望他们通过具体的工作，通过和真实世界的接触，能暂时剥离对网络的依赖，能和身边的人、事、物产生更坚定的关联。我希望这种来自地气的滋养，能让年轻的生命多一些踏实的充盈。

除了与现实世界存在隔膜，我还感觉到，和我的大学时代相比，我的学生并没有想象中象牙塔般的大学体验，伴随而来的是身份认同感越来越低。这也是我想说的第二个观察。

我出生于 20 世纪 70 年代，90 年代初考入一所地方专科院校。几年后，我的母校与当地另一所专科院校合并，成为一所二本院校。从当时考大学的难度而言，我考上专科和我的学生考上二本，并没有太大的差异，但记忆里的大学时光，散漫而悠闲。

相比之下，我的学生在就业压力的裹挟下，越来越忙，越来越累。我有时甚至感到和他们多聊一次天，和他们多说几句话，都是在浪费他们的时间。我还留意到，我的学生很少会因为自己大学生的身份而感到荣耀和自豪；而我念大学时，尽管读的是一所专科院校，但"天之骄子"的身份烙印非常明显，走在街上，当有人问起时，我会大方地告诉他自己所念的大学。这种明显的身份认同差异，显然是来自大学并轨前后学生身份的变化。

中国当下大部分二本院校由当初的专科院校合并而成。在计划经济体制下，并轨前的专科学生被当作祖国或社会培养及储备的"人才"，在人事制度上被认定为"国家干部"。学校会更强调学生的专业素养和长远的发展潜能，也更注重培养一个"完整的人"。而到我的学生，在市场化语境下，他们早已被定位为一个就业的主体，他们的存在，已内化到学校就业率的小数点，独立的个体在不知不觉中蜕变为统计学意义上的数据。

因为市场不确定性的增加，大部分高校人才培养的目标，事实上成为一个简单迎合就业岗位的过程，而用人单位为了节约成本，总是希望所招学生能立即为其带来直接的效益，而不像我大学毕业时那样，国有企业客观上承担了继续培养人才的重任。

因此，迫于现实压力，现在的大学生为了提高就业的筹码，在大学阶段就不得不陷入密集的课表及无穷无尽的考级、考证、双学位、实习等过程。他们很难有真正的时间去审视自己的兴趣，更难有从容的心态去享受大学的闲暇时光。忙碌、忙乱成为他们生活的常态。他们的成长呈现出越来越严重的同质化倾向，工具化的程度也变得越来越深。

面对海量的应聘信息，用人单位为了节约选人成本，将学历作为最重要的标准。对名校的看重达到了前所未有的程度，这在客观上加剧了学历歧视的形成。这种现象又反过来作用于高校的选择。在一种貌似热闹、合理、自由竞争的氛围中，高校不自觉地陷入对排名的痴迷，"高端""顶端""一流""双一流""超一流""世界一流"等词汇成为明确的办学目标。

对教师的评价标准，不再看重他们的教学热情、培养学生的能力、是否愿意在学生身上付出等看不见的素质。是否具有光鲜的头衔，成为衡量教师价值的终极标尺。

在这种境况下，受制于学校资源的限制，越来越多的二本学生深陷学校的排名焦虑和学历泛滥的恶性竞争中，尽管克服重重困难来到大学，却无法通过像样的大学教育突围自身的困境，反而沦为高校扩招的炮灰，承受着付出与收获不成比例的恶果，也成为教育无序市场化的后果承担者。

读书改变命运，还成立吗？

接下来，我想说一下我的第三个观察，这也是最让我难以释怀、感受最强烈的部分。我观察到，二本学生立足社会的难度越来越大了，面临的不确定性也越来越强了。尤其对农村学生而言，从小习得的"读书改变命运"的信念，仿佛越来越难以兑现。

我第一次当班主任的班级，在 2010 年临近毕业时，班上没有一名学生选择考研。在他们毕业八年后，我进行了一次回访，发现班上 52 名学生中，90%都获得了较好的安置，其中留在广州、深圳就业的学生有 17 名。对他们而言，尽管找工作的途径主要依赖自主择业，而不像我这一代大学生有国家分配兜底，但 2010 年的二本文凭，在经济上行、就业机会多、房价还相对平稳的时候，还是充分显示了念大学的好处，其性价比和我 1995 年大学毕业的班上同学，并没有太大差别。

但到我第二次当班主任的班级，他们在 2019 年毕业时，选择考研的学生人数多达 1/3，没有一名学生理直气壮地认为，凭自己的文凭可以在广州立足。以前我认为学生不考研是缺乏学术追求，但现在飙升的考研率成为我衡量就业状况的直接依据。更重要的是，就算考研，难度也越来越大。那些投入竞争的学生，在所谓的高校鄙视链中，因为第一学历非"985"、非"211"、非"双一流"，往往成为他们进一步深造的现实障碍。而事实上，相比我当初考研的情况，当下名校研究生的推免比例越来越高，考研的队伍也一年年庞

51

大起来，学生"上岸"的难度，相比我当年，不知要增加多少倍。

除此以外，"80后"那一代学生中，还有不少选择自主创业的。但到"90后"这一代学生，自主创业的热情已大大降低。"宇宙的尽头是编制"，成为他们独特的就业口号。

站在教师的角度，面对学生所承受的多重压力，我切身感受到现在的年轻人太难了、太累了。我想起自己的家庭和求学经历，在起点上其实和他们差不多，但我在1995年大学毕业时，根本就不用愁就业，被直接分配进了一家大型的国有企业，后来遭遇下岗，但依然拥有机会以自学本科的起点、下岗工人的身份，通过自主复习，考上武汉大学的研究生。2002年硕士毕业时，公务员几乎是我们就业时最为不屑的选择，外企、民企、新闻机构、出版社、高校，以及初露头角的网络公司，对我们有更大的吸引力。

2005年，我从中山大学毕业，因为苦于租房折腾，第二年就开始漫不经心地看房，从来没有感受到买房的压力，在手头只有5000元的情况下，举债买了一套二手房，然后按部就班地结婚生子，不经意间就在南方成家立业。想起来，因为就业机会多、选择多、房价便宜，我的不少同龄人仿佛并不害怕失败的风险，工作是否稳定和待遇的高低，并不是就业最重要的筹码，而是否符合个人的兴趣、能否为个人成长提供机会、能否充分释放个人对梦想的追求，是左右我们选择的根本原因。

换言之，就业、考研、买房、结婚这些对我而言极为重要的人生转折，到我的学生这里，却悄然被就业机会的稀缺、第一学历的限制、飙升的房价、结婚的难度所替代，任何一个看似平常的环节，都需要那些年轻人承担难以想象的压力，而这些，不过是我伴随岁月的流逝自然而然完成的事情，并一直以为理所当然。

作为一名教师，面对讲台下的学生，心疼是我最真实的感受，我知道他们被规训过度的脸孔背后，是选择的稀缺和不确定性的增加。我内心不甘，但无能为力。我所受的教育，让我相信一个年轻人进入大学，最基本的目标应该是获得专业和精神层面的共同成长，在内心滋生一种充实而强劲的力量，获得作为"整体的人"的提升，但面对他们无处逃避的就业、生存、学习压力，我感觉这种无法量化的目标不但模糊而且也没有养成的途径。我知道他们在学校无穷无尽的忙碌，仅仅是为了一份漂亮的简历，为了增添一些就业的筹码，拉开人生漫长的时空观照。也许，这是一种得不偿失的折腾，但面对现实的压力，我也不得不认同他们的选择。

我观察到在我教过的学生中，那些难以在社会立足的少数个体，很难说是因为个人能力的局限，而更多的是来自他们自小习得的价值观对他们无形的羁绊，让他们不愿向生活变通和妥协。十几年来，我常常陷入一种真实的矛盾境地，不知该向他们传达怎样确定性的价值观：在应试和个人成功的极端功利语境中，我既害怕学生被无处不在的暗礁抛入生存的深渊，也担心他们在获得世俗的成功后，成为某种价值观念的同谋。

在对学生持续十几年的观察中，我总是不自觉地将自己作为参照，并在对比中透视学生群体的命运变化。我想知道，高等教育的转轨在"70后""80后""90后"三代人的成长过程中，到底和他们产生了怎样的碰撞和联系？不同代际年轻人命运变迁的路径，是否和教育市场化之间存在某种隐秘而复杂的关联？

被漠视的二本院校和二本学生

我不否认，上面我所讲到的现象，并不能囊括所有的二本学生，而是更多地指向那些和我起点一样、来自农村、家境普通的个体，但我也不能否认，我所描述的情况并不是偶然的个案。

1992年我念大学时，只有本科、专科、中专这样的大致区别，当年录取的人数为75万人；而到我的学生时，大学的层级越分越细，扩招的比例越来越高，录取的人数也越来越多。2019年，全国高考录取的人数为814万人，在这个庞大的群体中，一本高校占比仅为15.8%，84%左右的高校都属于二本及二本以下的院校。也就是说，中国每年3000万在校大学生，超过2500万人都在二本、三本及专科院校，他们事实上构成了中国高等教育的主体，承载了最为庞大的年轻群体。

但与此形成鲜明对照的是，教育经费极度不平衡。2020年，排在前十名院校的经费，总预算达到1640.48亿元，其中清华大学310.72亿元，浙江大学216.2亿元，其他学校也都在 100 亿元以上。那么，地方二本院校及职业院校的预算情况如何呢？以我曾经任教的广东 F 学院为例，2020 年的财政预算约为 8 亿元。换算一下，清华大学一年的预算大约相当于 39 所广东 F 学院的预算。中国高校目前的状况，正是极少数重点大学占有大多数教育资源，而占比超过 84% 的地方普通院校，在办学资源上完全无法和重点大学抗衡。

毫不夸张地说，文凭的稀释和教学资源匮乏的后果，主要由二本及二本以下院校，还有其所承载的庞大群体来承担。一个显而易见的事实是，尽管大众化教育早已成为共识，但扩招的潮流并没有过多地波及重点大学，加上它们始终获得了绝大多数的经费投入，也从根本上保障了充分的教学条件，重点大学的文凭依然坚挺。这样，因为扩招而被"注水"的学历，事实上主要涉及二本及二本以下院校。

精英教育和大众化教育的并行，明明白白地安置在高校清晰的链条之上。尽管不同高校承担着不同功能，客观上允许大学适当分层，但社会对二本及二本以下院校的成见和漠然已经带来了很大的问题。事情的真相是，这些被忽略的普通高校所容纳的年轻人，因为数量特别庞大，事实上构成了中国社会的中坚。

就业形势好时，他们往往会留在本省、本地，甚至回到家乡的基层，成为地方发展的生力军；就业形势低迷时，他们往往成为市场化自主择业境况下最为迷惑和挣扎的一群人。大学生农民工化，重复父辈的路径，正在成为一些年轻人所面临的现实。无论是何种情况，他们都以一种沉默而坚定的存在，成为影响现实的势能，波及万千家庭的命运。

而这，正是我希望更多的人能够关注二本学生的原因。作为全中国最普通的大学生群体，他们的信念、理想、精神状态，他们的生存、命运、前景，社会给他们提供的机遇和条件，以及他们实现人生愿望的可能性，是中国最基本的底色，也是决定中国命运的关键。而我作为教师，对世界安全感边界的认定就来源于对学生群体命运的直觉感知。

更为重要的是，尽管我所描述的困境是从我熟悉的二本学生进入的，但并不仅指向他们，而是指向所有的年轻群体。年轻人上升通道的日渐逼仄，实际上是全球化进程在世界范围铺开后，产生的一个结构性问题。《乡下人的悲歌》一书讲述了美国底层青年的挣扎命运，日本早已出现低欲望人群，印度青年的就业之难触目惊心，而我所描述的群体，不过是在这一全球共同困境中，作为一名中国教师的来自个人视角的一种有限表达和审视。

没有人可以预测未来会发生什么，未来也仿佛呈现出越来越不确定的一面，但所有人依然共处同一星球的事实，必然给这个共同体提供最大的确定性，那就是年轻人依然是这个世界最为重要的力量，他们的出路关系到所有人的命运。如何扫除他们前行通道上的障碍，是我们需要面对的现实。当我们的孩子内卷到为了一个编制而不得不蜷缩青春的躯体时，当他们为了基本的生存条件而不得不放弃内心的梦想进入无声厮杀时，这不仅是他们的困境，也是我们所有人的困境和危机。

穿越信息的泡沫，穿越成功学和功利主义的喧嚣，穿越单向度的价值观念，让年轻人活在一个更加公平、宽容、友好而自在的环境，不仅是他们的胜利，也是所有人的胜利。我最朴实的想法，无非希望当下和我处在同一起点的年轻人，能够像我的同龄人一样，拥有更多改变命运的机会，能够坚信明天有着丰富的多种可能。

感谢与大家相遇。

第六讲　三浦展——日本踏入
"下流社会"的警示

　　2005 年，日本社会学家、《下流社会》的作者三浦展提出了著名的"下流社会"论断，指出日本正在进入这样一种社会现实：中流阶层向下流动，成为"下流阶层"，由此而形成"下流社会"。那么，日本社会的发展历程能够给中国带来哪些经验和教训？又有哪些值得借鉴的措施？

　　以下为三浦展的演讲全文：

　　相较于如今的中国经济形势俨然已从高速增长步入稳定增长的时代，如今的日本已经历了"失去的三十年"，还没能恢复到经济成长的轨道上，经济形势并不乐观。我在 2005 年出版的《下流社会》，已成为畅销 80 多万册的热门书籍，在中国也受到了众多读者的青睐。在我看来，"下流社会"现象在日本社会存在这一事实已被大部分人所认知。

下流社会："温水煮青蛙"的时代

　　虽然，在日本很多人都已经接受了生活在下流社会这一事实且觉得生活还是很愉悦的，但是有一部分人，特别是年轻人群体，因为对下滑到下流阶层产生不满和压抑的情绪，而发生了一系列针对社会普通人群的不幸事件。在日本，有大量的中产阶级在悄无声息地滑入下流阶层，包括过去由下流阶层迈入中流阶层的家庭再度滑入下流阶层。甚至出现了父母为了防止自己的子女因无职业变成下流阶层而做出犯罪行为，选择将自己的儿子杀害的极端案件。显然，我们已步入了"父母是中流，孩子是下流"的时代。日本 NHK（日本广播协会，是日本的公共媒体机构，成立于 1950 年）也开始陆续报道中流阶层下滑的新闻，阶层下滑的问题再一次引起我们的重视。因此，我在《下流社会》出版 15 年之际，在经过周密的调查后，于 2021 年 10 月出版了《大下流国家》（日文书名），从个人和国家的层面详细分析了日本社会中流阶层下滑到下流阶层的原因与过程。在这 25 年中，日本的人均工资基本没有增加，在正式员工数量没有增加的情况下，非正式员工数量的增加直接导致了正式员工的涨薪幅度有限。三菱综合研究所的数据证明，在过去的 10 年里，不少日本人认为，至少正式员工有着牢靠的工作岗位。只要是正式员工，那么自己就仍然算中流阶层，从而达到自我安慰的目的。这样看来，代表中流阶层的正式员工与代表下流阶层的非正式员工之间存在着天然的分裂。虽然非正式员工的数量在逐年增加，但这一群体对于自己处于下流阶层这一现象的意识并不是那么强。可能这个阶层的人群已沉浸在各种低成本的物质消费方式中，他们总能沉浸在享受一般物质消费（廉价消费，或在二手平台购买物美价廉的商品）的快乐中。同时，这一群体还产生了一种认为自己处于中流阶层的错觉，在日本，这被称为"温水煮青蛙"现象。

第四消费社会：75 岁或许依然要工作

三菱综合研究所进行的一项关于"民众一般生活满足感"的调查显示，那些生活满足感增强的群体多有以下消费特征：多利用社交网络交流、多利用民宿（家庭式旅馆）、多做社会志愿者工作、尽量不购物或少购物、住在共享 / 合租房屋、过环保生活。以上这些消费特征正是第四消费社会的消费特征，这些特征带给企业或政府最大的启示是，可以通过向国民介绍各种生活方式，来提高国民的幸福感与满足感。但客观情况是，目前的日本社会持续朝着下流阶层迈进，日本企业也热衷于压低单个商品的价格，来尽可能地增加其销售数量。而在第四消费社会中，一些刚性需求与商品价格无关。为此，我认为日本企业应尽可能地瞄准高附加值的消费市场，因为如果不这么做，日本就很难提高国内生产总值。以丰田公司为例，未来，丰田公司可能不会再出售价格低于 150 万日元（约 8.3 万元人民币）的车型。在我写《下流社会》一书的时候，丰田公司正好开始销售比一般车型贵 3~5 倍的高级车——雷克萨斯。

日本形成如今第四消费社会的背景原因有很多，最显而易见的是，日本社会如今面临的人口高龄化和少子化问题。在 20 世纪八九十年代，少子化的主要原因是女性的高学历和晚婚。晚婚带来的分娩高龄化使越来越多的女性出于对身体健康的考虑，选择少生或不生，这也是造成生育率低的一个重要原因。

　　一直以来，日本社会对高学历人才的要求，带来的是高昂的教育费用。对大多数家庭来说，如果要供养 2 个孩子上大学，在经济上是很难承受的。为此，在最近 10 年，日本政府也在积极地发放教育资金补助，来应对教育费用高昂这一社会问题。

　　少子化导致的出生率下降也是日本养老金赤字的重要原因之一。到 2060 年，10 个工作的人将要养活 8 个老年人。为此，我们正在讨论是否将老年人的定义重新调整，将 65 岁退休的标准提高至 75 岁。如果此举成行，到 2060 年，10 个工作的人要养活的老年人数量也只不过增加到 4～5 人，与现在基本相同。伴随着人口老龄化而来的另一个问题便是单身群体的增加。今后的家庭人数会越来越少，单身群体的人数会越来越多。毫无疑问，我们正在进入一个单身社会，对企业来说这是一个非常具有挑战性的新时代，企业需要分析单身群体在各方面的需求与痛点，抓住其中的机遇。

如何看待日本教育的未来？

　　针对我之前提到的，高昂的教育费用导致越来越多的日本家庭选择少生或不生孩子这一社会现状，一方面，我认为日本政府应该推行正确的政策，适当降低国立大学的学费，让更多成绩合格的来自低收入家庭的孩子可以上大学；另一方面，过去的日本为了迎合婴儿潮时代的需求，增设了许多大学和招收名额，导致一些原本连"10000 除以 10 等于几"都算不出的人上了大学。如今，面对年轻人数量的减少，应当适度减少招生名额或关闭一些大学,但是日本文部科学省(教育部)是绝不会同意这样做的。这就导致,一方面,国家每年需要为教育业支付巨额费用;另一方面,原本成绩不合格的学生因找不到好工作而选择上大学。为此,日本教育界应提升教育的附加值水平,改变过去的把大学变为中等化、大众化学堂的这一做法,向真正想学习的学生提供更多机会,尤其是在经济上的补助。我相信,此举至少可以在经济上改善日本的少子化问题。

因为疫情的原因,很多日本大学选择在线授课的方式进行日常的教学任务。以此为契机,我认为应该将在线教学的范围扩大化,以此鼓励和资助更多不同年龄群体和职业群体的人在网上求学。

日本文部科学省应该鼓励更多的大学向那些希望学习新知识和新技能的人开设网络课程,因为这群人可以自由地挑选自己需要的课程进行学习,并将所学的内容应用到工作中,从而实现升职加薪或循环教育等目标期望。日本教育部门应开放思想,真正地将大学办成一个谁都能参与的、低价的、随时随地都能在线学习的平台。

"共享社会":提升居民幸福感的制度设计

在少子化、高龄化、中高年龄层单身家庭日益增多的日本,迫切需要一个新型的制度设计,这就是"共享社会"(Shared Society)。各种资料显示,朋友越多的人,幸福感越高;社会中感到幸福的人越多,社会就越美好。利用人工智能、社交媒体等新技术多交朋友，促进线上线下人与人之间的相互连接、相互照顾显得格外重要。但遗憾的是，近年来因新冠肺炎疫情或工作等原因，日本许多年轻人特别是年轻女性自杀的事件频频发生。其原因便是缺乏"共享"，他们在遇到困难的时候，无论是在线上还是在线下都缺乏必要的心理倾诉和护理。借此推演下来，"共享"还可以涉及社会的方方面面，如保健、资产、教育、消费、城区设计等热门领域。我在《第四消费社会》一书中提出了基于"共享社会"建构的六个价值，它们分别是社区（Community）、经济（Economy）、安全（Security）、个性（Individuality）、多样性（Diversity）、机遇（Chance）。企业推销商品和各种服务机会是达成"共享社会"目标的重要一环。在15年前的日本兴起的合租住宅，在经济价值、安全价值和居民幸福感方面都颇有人气。无疑，合租住宅可以提供上述六个价值。从企业开发的角度来说，能否提供这六种价值至关重要。但可惜的是，目前没有一家日本大企业能提供满足第四消费社会特征的商品。与此同时，很多小微企业和个人开始向社会提供各种各样符合第四消费社会特征的服务和商品，刚才所说的合租住宅便是其中之一。另外，在日本东京有家咖啡洗衣店，在店内人们既能洗衣服、喝咖啡、举办各种活动，又能工作。并且，在店内，孩子的吃喝是免费的。

目前，日本俨然已迈进少子化、高龄化时代。相应的，政府用于社会保障的支出比例将增加。为应对老龄化社会带来的劳动力短缺问题，日本人要保持健康工作到75岁。为此，社会需要更多地关注保健照料型消费。保健照料型消费意味着自我照顾、用金钱自助地购买各种生活服务或产品。但在自助无法涵盖的地方，同样需要社区与朋友、邻里之间的守望相助，这部分服务可以由个人、企业、非营利组织、创新企业等多方协力承担。日本社会的"下流"趋势会越发明显，贫富差距也将进一步扩大。在将来能促进国民幸福感和满足感的共享型消费和保健照料型消费将会越发重要。

第七讲　社会价值创新：数字服务产品力促进县域乡村振兴

　　助力乡村振兴，无疑是当下讨论的热点、焦点和具有时代触点的话题。2021 年年底，党中央、国务院做出部署，同 16 个部门联合启动了县域商业建设行动。县及县以下的商业网络是我国整个流通体系中的短板和弱项。在城乡融合的大背景下，作为有社会责任感的科技公司，应当如何充分发挥海量数据和丰富应用场景优势，在县域层面促进数字技术和实体经济的深度融合，赋能县域传统业态转型升级，催生新产业、新业态、新模式？

　　2022 年《政府工作报告》提到，"推动消费持续恢复""推动线上线下消费深度融合，促进生活服务消费恢复，发展消费新业态新模式"，以及"加强县域商业体系建设，发展农村电商和快递物流配送""提高产品和服务质量，强化消费者权益保护，着力适应群众需求、增强消费意愿"。县域本地商业化，是两会商务部领衔农业农村部等共同牵头的内循环与乡村振兴战略，同样符合马化腾先生在两会提出的"数实融合"大方向。

　　围绕"数字服务产品力促进县域乡村振兴"这一议题，腾讯研究院联合微信和为村，共同举办了新乡村振兴研讨会，从不同视角探讨如何通过数字化手段拉平城乡和地区之间的发展差距，助力乡村振兴。

主持人：

陈力源，腾讯研究院高级研究员

嘉宾：

陈晶晶，腾讯可持续社会价值（SSV）事业部为村发展实验室专家，中国人民大学文学博士

顾海君，腾讯微信事业群城市服务项目负责人

潘东明，浙江赶街电子商务有限公司总经理

李　玫，腾讯研究院企业社会价值创新中心专家

政策解读：寻找乡村振兴数字化突破口
· · ·

陈力源： 首先想请教李玫先生和潘东明先生，从政策解读的角度来看，数字服务产品在县域乡村振兴的突破点有哪些？

李　玫： 习近平总书记指出，要促进国内国际双循环。对于内循环而言，消费和就业是很重要的方向，农村商业体系的建设对于畅通国内大循环是一个重要的战略支点。

在这样的政策背景之下，我们提出了两个问题：1.现在县域商业的数字化情况到底如何？2.作为数字科

技公司，数字产品如何助力乡村振兴，从而为实现共同富裕做努力？

带着这两个问题，我们到乡村进行了实地调研。我们选择的第一个调研点在浙江省丽水市遂昌县。我们发现当地商业化确实存在困难。虽然电商平台的下沉确实为县域搭建起了更完善的物流体系、培养了数字化习惯，但是这些外来平台的出现，对本地商业产生了很大的挤压。本地商业缺少数字化运营能力，难以搭建本地物流配送体系，缺少在线营销的窗口，而数字化可能是帮助本地商业突出重围的最好方式。

数字产品可以满足本地消费者线下体验式消费需求，能帮助实体门店引流，并精确了解用户的需求。对于那些中小商户来说，他们借助这些数字产品，可以实现在线结算、运营、营销等一系列事务，优化管理，降本增效，带来大量本地就业；同时也提升了县域乡村的经济活力，促进了本地的商业内循环。

在数字政务方面，强化数字基础设施建设，提升乡村政务数字化能力，可以促进乡村治理现代化；在数字产业方面，依托数字技术体系和产品平台，可以促进农业数字化发展，助力县域乡镇企业数字化转型；在数字服务方面，完善乡村数字化公共服务体系、商业服务体系，创新公共服务供给方式，可以激活乡村市场主体活力。

潘东明： 在电子商务赋能乡村方面，回顾过去十几年的县域农村商业体系建设，有几个重要节点。

2005—2013 年，商务部主推的"万村千乡市场工程"，将一些传统的夫妻店向超市化、便利店方向改造。比较典型的是把原来的很多一米多高的柜台拆掉，变成敞开式货架，这是一种新型的，相对更开放、更便利的商业形态。

2014 年，商务部发起了"电子商务进农村"数字化改造，对农村商业的数字化、电子商务化、"互联网+"都做了很大的改进。其核心是通过线上电商赋能农村、县域经济。从 2014 年启动到 2021 年，大约有 1700 多个县，每个县有 2000 万元到 4000 万元不等的专项资金用于"电子商务进农村"数字化改造。

2021 年，商务部提出的县域商业体系建设，起草《县域商业建设指南》，并召开相关研讨会。

从我的理解来看，**第一轮农村传统商业转型针对的是实体；第二轮农村传统商业转型针对的是电商；第三轮县域商业体系建设，是对实体和电商的进一步融合。**

现在的下沉市场，以县域乡镇为主体来说，特别是近两年来遭受的竞争压力非常大，有其自身的原因，也有来自外部商业平台下沉的原因。平台的下沉使当地商业遭到严重的挤压，造成了税收的流失、侵蚀了当地就业机会，形成了一系列的社会问题。

助力县域的商业体系建设，目前主要包括硬件层面和软件层面两个方向。硬件层面包括商贸中心主体的建设，如物流中心、商贸中心等；软件层面则是平台的支持，企业可以一个地方一个地方地去开发，很难做到标准化。

从我们的实践来看，在线直播、小程序、社群团购等形式，已经成功地把很多农产品销售出去了，尤其是私域流量的直播，特别适合本地的商业体系建设。此外，县域当地的小微企业是县域经济的活力所在，数字化工具的使用可以帮助他们降本增效。我们目前能服务的范围还比较有限，是一个"小盆景"，不是一片"风景"。如何把互联网科技的力量更好地服务下沉市场、服务农业、服务县域经济，当前是一个非常好的节点。

"为村"思考

. . .

陈力源：腾讯多年来一直深耕公益慈善和社会价值创新，特别是在 2021 年提出了可持续社会价值创新的战略。想请教陈晶晶女士，您作为腾讯 SSV（可持续社会价值）的一线参与者、"为村"项目专家，对于县域乡村振兴这个话题有怎样的思考呢？

陈晶晶：SSV 是可持续社会价值的简称，我们事业部叫腾讯可持续社会价值事业部，事业部下面有一个向善实验室群，为村发展实验室就是向善实验室群中的一员，主要致力于在乡村领域找到一些可持续社会价值创新的新路径、新方式、新模式和新方法。

2021 年的战略升级是腾讯 24 年的历史上的第 4 次战略升级，这一次战略升级的核心就是在扎根消费互联网、拥抱产业互联网这两个战略之后，还要补充上推动可持续社会价值创新。

一方面，国家的战略在发生变化，在全面推进乡村振兴；另一方面，腾讯作为一个公司在自身的发展道路上，也走到了新一次的战略升级的阶段，把社会价值的创新作为整个集团的战略底座。

为村发展实验室一直在思考：作为一个助力乡村振兴的部门，我们应该怎么做，应该怎么找到助力乡村振兴的腾讯模式？

我们现在基本确定了这个问题的原则和方针，总结出了判断问题的三个标准。

第一个标准是我们要紧紧地跟随国家战略。第二个标准是要让农民受益，我们做所有的这些事情，最终的目标是实现社会价值。第三个标准是以腾讯的优势为依托，在乡村振兴主体自主发力之余，我们作为互联网科技公司，要为他们做些什么。

基于以上三个标准，我们初步确定了这样几个重点探索方向：第一是乡村的人才振兴，例如，在深圳开班的"中国农大腾讯为村乡村 CEO 计划"，针对性地培养乡村职业经理人；第二是乡村建设，我们希望培养的乡村人才在乡村建设的各个领域能够带领大家一起发展；第三是发展农业产业中的特色种养业；第四是发展前沿的农业科技，腾讯一直很注重科技的助力，在农业领域同样如此。

数字生态服务建设

· · ·

陈力源：关于数字生态服务，作为县域一线的从业者、微信团队城市服务行业深度参与者，以及行业专家，你们认为可以通过怎样的生态服务建设，来减少城乡间在商业服务领域及公共服务领域的差距？

顾海君： 微信开放平台主要有两个产品：一个是公众号，包括订阅号、服务号；另一个是小程序。我在这个团队主要负责行业运营，重心是在政务民生领域，包括社会服务的一些场景。

这两年，借助数字化产品，政府的公共服务一直在下沉，像"粤省事""随申办"这样的公共服务小程序已经下沉到了乡村。"粤省事"不仅服务经济发达的珠三角区域，也能覆盖到广东省的偏远地区。

现在，微信开放平台的服务号和小程序，通过数字化手段解决了很多政务问题。比如，社保缴纳，微信小程序帮助 8000 万名老年人解决了社保缴纳问题，其中大部分是乡村老年人，他们不会用微信小程序，可由工作人员操作代缴。

从商业上看，服务号和小程序也已经被大家广泛接受。现在全国有 900 万家餐饮门店，其中餐饮小店大概有500 万家。引导餐饮门店使用小程序扫码点餐、微信收单，同样可以提升运营效率。

小程序还可以助力社区团购下沉。在中国的商业体系中，夫妻店约 700 万家，其中有 200 万家在县域。帮助这些夫妻店提升经营能力，可以有效提升县域商业的服务水平。

开放平台不断深度下沉的实践，切实解决了一系列与民生相关的实实在在的问题，包括社保、养老、医保、互联网法院等。那么，进一步发挥微信场景能力及数字便利度的能力（小程序）可以解决城乡间的发展不平衡问题。

潘东明： 县域商业主体主要以批发商、大的专营店、传统的商业经营者为主。在线化是它们目前非常重要的一块，在线化背后需要的是平台的支撑。

我在县域有自己的商业实体店，农产品在线直播也已经开展起来了，通过小程序、微信群与消费者连接起来，以实现精准营销和售后服务反馈。县域商业要振兴起来，首先需要平台的支持，背后需要标准化的技术支撑。县域商业企业具有本地优势，当它们补上了数字化和物流配送的短板后，就可以抵御外部的竞争压力了。

商业层面的社会化服务可能是最大的慈善。有社会责任感的科技公司可以助力商务部、国务院进行金融商业体系建设。

这么多年（一线工作）看下来，产业固然重要，但是实际上真正跟老百姓相关的、跟就业相关的、跟创业相关的、跟日常柴米油盐相关的，其实是地方商业。如果一个地方的商业坍塌了，大概会造成成千上万人失业，而且对税收等方面的影响都很大。

李　孜： 我觉得刚才两位老师讲得非常全面：第一，微信的整个产品生态其实是"公共服务+商业"，是实实在在地在缩小城乡之间基础设施带来的服务差距；第二，千万家县域企业，是当地传统商业的先锋。我们的数字化如何能够快速地赋能它们，作为工具的同时，形成标准化产品，建设地方生态服务体系，构建服务商生态，最终实现内循环，支撑起我们广大人民群众的生产生活需求，这可能也是一个巨大的社会责任的创新。

数字服务产品力助力乡村振兴

· · ·

陈力源：最后想请教一下在座的各位专家老师，你们觉得什么样的数字产品可以助力乡村振兴？

潘东明：希望互联网科技公司能够将更多注意力从大城市转移到地方县域，希望能够从公益的角度出发，探讨与商业结合的方式，希望科技公司的产品、腾讯的产品，可以为县域乡镇农村的商业提供新的支持。

陈晶晶：我们做乡村振兴，有一个 20 字方针：政府主导，社会共创，腾讯助力，试点示范，分类推进。

希望未来，无论是从农业上的一产二产三产、公共服务业还是商业服务业等，从不同的维度，如农业维度、农村维度、农民的个人发展维度等，都能够以县域为框架，做更多、更精准的分析。在精准分析的基础上，做出一些更有针对性的数字化的服务。

顾海君：小程序在头部城市已经有了较好的覆盖面和公共服务基础，但是在广大的所谓中腰部或者更下沉的区域，相对来说还是空白。因此，我一直想呼吁我们的服务商、合作伙伴，跟我们一起来关注这个问题。

我们非常愿意去帮助老百姓、帮助县域居民、村民们获得更好的数字化服务。我们希望可以和县域一线的从业者一起探索，也希望能帮助服务商实现自己的商业价值。

我们的开放平台有一个标语——再小的个体都有自己的品牌。我希望能有更多的能力可以输出给大家，为县域乡村数字化经济转型贡献出我们的力量。

李　致： 希望我们这次聚在一起，能够为县域、为乡村真正地解决就业问题、消费问题，为他们创造可以持续创业、持续创新的机会。县域本地批发零售商户等小微企业是县域经济的活力所在。早在 2020 年，腾讯就推出了"TAPD 小微企业扶持计划"，旨在帮助小微企业共度后疫情时代转型难关。当下，全新的县域本地商业数字化转型，更是我们作为数字企业，参与国家战略、加入乡村振兴的重要切入点。其实，现在本土已出现了了不起的星星之火，未来如何燎原，我们拭目以待。

第八讲　唯有光阴不可轻：科技助老的多样性与真实需求

　　新冠肺炎疫情加速了社会的全面数字化，也让更多人认识到老年人在数字时代的困境和需求。智能化服务适老化问题首次被写入 2021 年《政府工作报告》，"适老化"成为新的政策与行业热点。第七次全国人口普查数据公布后，我国老龄化程度及发展速度成为全社会关注的焦点，这让"适老化"从面向单一人群的问题，走向为所有人服务的问题。

　　人必然走向衰老，但是科技发展的速度却不会停歇。面对不断更新的科技与不断老去的人，我们如何看待"老"？如何去发现老年人真实的需求？

　　在主流话语中，老年人一直都是比较缺位的那一方，尽管他们内部有非常多元的群体，但是老年人的"多样性"却常常被忽略。面对一个复杂且常常沉默不语的群体，我们如何理解他们的日常与真实需求，进而推动科技适老的研究与实践？

　　我们邀请来自政府、学界、产业界的专家围炉夜话，从发生在父母周遭的琐事，到政策、产业的发展脉络，来自不同领域的专家促膝长谈，为我们探索科技助老提供了有益的讨论，也在壬寅年留下了关于光阴的注脚。

嘉　宾：

王永春，中国老龄产业协会科学技术委员会主任

房莉杰，中国人民大学社会与人口学院教授

吴　昕，智慧健康养老产业联盟秘书长

王小龙，北京首开寸草养老服务有限公司总经理

刘水生，腾讯 SSV 银发实验室技术负责人、腾讯 TEG 安全平台部
　　　　基础研究负责人

陆诗雨，腾讯研究院高级研究员（主持人）

给父母养老，你准备好了吗?

· · ·

（一）年龄这个变量会决定什么?

房莉杰：对于我们这一代人来说，年龄的差距和年代的差距是叠
　　　　加在一起的。我 20 岁时的想法跟我 40 岁时的想法和
　　　　我 60 岁时的想法肯定是不一样的，这是年龄的差距造
　　　　成的。

　　　　将年代的差距叠加上，就是说我 20 岁时所面临的跟我
　　　　父母 20 岁时面临的，我 60 岁时所面临的跟我父母 60
　　　　岁时面临的是完全不一样的，因为这个社会的变化太
　　　　快了。因此，这两种差距叠加起来，就会导致像我这
　　　　样上有老下有小的这一代人，在很多方面产生代际冲
　　　　突，另外对于老年人来说，情感的需求和满足之间也

会存在差异。

房莉杰： 很多时候，父母会帮我做很多家务，在别人看来我很幸福，回家就能吃上饭，有父母照顾。但其实，有些时候我不想吃饭，或者我想自己去做另外一种饭。很多细节性的小事会导致一些代际冲突。满足老人的情感需求，需要子女有很大的智慧。

（二）"养老"是一个中性词吗？

房莉杰： "养老"这一概念里有一种"老年人没有价值了，需要被养"的被动意义。但其实不管是从我自己的经历来看，还是从我做的很多田野调查的案例来看，我会觉得老年人除了被养，他们其实还有很多其他需求，这些需求反而是我们更应该去关注的。

（三）养老的刚需是什么？

房莉杰： 老年朋友不怕死，但是怕老。怕老其实不是"老了之后失能"，而是"老了之后没用了"。

我的一个比较大的感触是，我的父母，还有我周围的一些老年人，他们原来工作的时候，对于这个社会有贡献，他们就会觉得自己是有价值的。但是退休之后，他们就会考虑自己是不是不被这个社会需要了，因为很显然他们已经不被劳动力市场需要了。这个时候他们的情感需求要通过什么来满足？

房莉杰： 在一定程度上说，因为中国社会的发展是非常迅速的，两代人如果生活在同一个屋檐下，尤其当老年人把所有的需求都转移到子女身上的时候，其实对于子女来说是很大的情感压力。

老年人作为社会性的动物，他们渴望去连接，渴望重新被社会主流看到自己的需求。这种需求在当今社会，除了家庭、子女，有没有可能通过一些社会化的渠道来满足呢？这其实是我们更为关注的问题。

（四）给父母养老需要面对什么？

房莉杰：随着人口流动越来越频繁，子女在异地定居的情况下，给父母养老会变得越来越难。作为一个选项，子女在其他城市打拼并定居后，可将父母接到身边，一方面，父母可以作为这个家里的照护者、劳动力，另一方面，父母老了之后，子女可以在身边照顾。

王小龙：10 年前，大部分养老院特别是公办养老院，失智老人很难进去，因为照顾失智老人是最难的。有些民营养老院，一是品质不高，二是在郊区、远郊区。这造成了一个什么问题？一旦老人失智了，那么全家可能就失调了，子女要上班，老人又无地可送，没有专业机构能接收他们。

（五）在元宇宙养老是化解焦虑的出路吗？

王永春：年轻人不要拿着今天的社会矛盾去衡量未来的老龄社会。科学技术水平的发展是与社会的老龄化进程同步的。现在的年轻人进入老龄阶段时，社会现状会比现在好得多，解决问题的途径也会丰富得多。

王永春：我感觉元宇宙应该说是一个信息技术产业的业态，它可以很好地在养老市场里解决一些虚拟世界和现实世界的交叉问题。比如，我作为一个老年人，可以通过一个虚拟事件来追溯我在过去的一些情感痕迹，尤其是伤痕、遗憾。它可以从零开始，然后表达我的新的看法或者新的态度。其实，这是对一个人的精神世界的疗愈。我想这是一个很好的工具，包括我们现在也可以借助一些虚拟手段，通过一些深度的感知技术，尤其是情感计算技术，可以把虚拟世界里的对话场景应用于陪伴老人。我想这个技术是一个可以满足养老需求的很好的路径。我们甚至可以追溯将来的精神世界，满足一些精神寄托，比如我没有去过太空，我没有做过宇航员，但是我可以通过虚拟事件满足我在太空里的一个经历。

需求释放不足，是智慧养老的瓶颈吗？
· · ·

（一）智慧养老行业"卡脖子"的地方是需求侧吗？

王小龙：需求是现在最大的一个问题。中国社会人口整体上属于未富先老，老年人平均收入较低。中国目前有将近2.6亿名老年人，在收入有限的情况下，老年人的购买意愿会大打折扣。如果需求端不足，整个产业和服务必然会受到严重影响。

房莉杰： 我觉得需求不足还可以分为两个方面：一方面是"刚性需求"释放不出来，未富先老；另一方面是老年人的消费习惯，老年人都是吃苦过来的，他们有储蓄习惯，没有消费习惯。我们调研时发现，即使是大城市中的老年人，还是不愿意花钱购买哪怕非常便宜的养老服务。

（二）为什么其他老年用户较多的行业没有被需求侧的淡漠"卡"住？

吴　昕： 我们从事智慧健康养老产业，其实经常会面临的一个问题是"这个产业到底服务于谁"。现在服务的这代老人大多数是"40后"和"50后"，他们的消费能力、消费观念跟不上，这个产业就必然受到需求侧的影响和制约。

我们也可以比照医疗产业。我相信如果没有医疗保险，那么医疗产业也会受到很大的影响。医疗的刚需有家庭的刚兑，但养老没有。当然，现在有一些长护险，一些特殊的照护服务可以用保险支撑，但还没有普及。将来如果从社保机制中制度化，相信养老产业可以得到一个基本支撑。

（三）需求侧当然不是一成不变的

吴　昕： 2020年第一批"60后"步入60岁，他们是我国第一批青壮年时期在改革开放中度过的一代人，他们积累了一定的财富，四五十岁开始接触互联网，建立了一些新消费观念。因此，当他们步入老年后，我想一定会给我们的养老市场带来变化，这种影响我相信是非常积极的。

陆诗雨： 2020 年，我在北京一个因疫情封闭的社区里做了一次调研。社区被封起来之后，老人买东西存在困难。很多年轻人可以点外卖、网购，但老人平时买菜都去菜市场买，现在怎么办？我发现他们后来都通过小区里的一个小卖部老板娘买。老板娘当时承接了一个非常小众的生鲜平台，叫"每家买菜"，她是"每家买菜"的社区联络员。我觉得她特别厉害，她几乎能够动员我们社区 3000 多户人家。所有七八十岁的老人都来找她买菜。社区解封后，老人也保留了这个习惯。老板娘前期帮大家买菜，后期开始教老人怎样在线上买菜，有一定的科普效果。这种人际互动，其实在社会学里面特别重要。

疫情可能会成为老年人消费需求侧变化的一个转折点。

（四）如何合理、有效地培育需求侧？

王小龙： 在老年人普遍购买能力不足的背景下，他们是不是一点儿需求都没有？我觉得老年人的刚性需求还是比较旺盛的，我们是不是能够很好地去管理、培育他们的消费需求？有句话说"老年人的钱好骗不好赚"，为什么好骗？因为骗子满足了某些老年人的刚性需求，比如某产品有益健康，能益寿延年。

还有一些生活上的刚需。比如，有一次我去养老院旁边的小区里的老人家里做客。老人的孩子在国外，老人家里的水管坏了，想安个新水管，他找了一个人把钱打给他。最后那个人把钱拿走了就没有回来。如果我们有一个平台、一个制度能保障他们能够买到刚需产品，这样老年人的部分消费需求就可以被非常稳定地激发出来。

王永春： 过去我们主抓供给侧改革，现在我们逐渐要抓两头。除了抓供给侧改革的管理，还要抓消费侧的管理。对消费侧的管理，我的理解是在目前的消费总量的基础上，应该要引导性地优化消费结构。

我记得我跟一位社区管理干部聊天的时候，他提到的"三生教育"让我印象深刻。他说："现在我们要在社区里给老年人做生命的教育、生活的教育和生态的教育。"我觉得这三点总结得特别好。

"生命的教育"是指要客观地看待生命。生老病死是一个自然的过程，更重要的是如何让这个过程更有价值，应该怎样去生活。"生活的教育"是指如何提高生活质量。当我们步入老年阶段的时候，应该增加一些健康方面的投入，或者购买一些养老的政府服务。"生态的教育"是指社区不能只停留在物业管理的基本层面，应该让个人的全方位生活需求都有所满足。

年轻人不愿做养老护理，谁来做养老？

. . .

（一）为什么年轻人不愿做养老护理？

王小龙： 客观地说，我们行业人员不足，收入是一个很重要的原因。目前，北京的护理员月收入为 4000～5000 元，月嫂月收入为 8000～10000 元，但是护理员所做的工作一点儿不比月嫂的工作轻松，收入却没有有效的提升。

养老服务从业人员不足，还有一个原因就是社会地位，大家都觉得这是伺候人的活。比如，一些年轻人学养老护理专业，他即便想干，他的父母或他的亲友都不让他干，觉得这个职业丢人。

陆诗雨： 现在国内有专门培训养老护理人员的学校吗？

王小龙： 有很多这类学校，但是招生严重不足。以北京为例，现在应该有 5～6 所这样的学校，但是每年整体招生可能不足 300 人。干了三五年以后，人员中有 80% 流失了、转行了，最后剩下的就没几个人了。因此，人才不足是制约这个行业发展的最大的瓶颈。

吴　昕： 刚才王总介绍的更多还是护理人员在整个服务市场里面的缺口，如果考虑到这些养老服务从业者的科技水平，其实可能缺口会更大。

我了解到现在养老从业者的学历水平整体比较低，信息化的操作能力普遍比较差，如果他们起不到把信息技术和产品带到养老服务市场里面的作用的话，其实可能也不利于技术本身的传播。

（二）年轻人老了就会愿意做养老护理吗？

房莉杰： 我有问题想问一下王总，"95后""90后""00后"都不愿意做养老护理，这是一个年龄的问题，还是一个年代的问题？比如说这一代人到了四五十岁，是否就愿意去做护理员了？

王小龙： 房老师的问题还是比较到位的。我觉得这是一个社会问题。养老护理员的待遇水平、社会地位、人们对这个行业的理解程度如果都能上来的话，我想更多的人会愿意从事这个行业。因为这个行业稳定，而且我认为这个行业是一个冉冉升起的行业，也是一个有希望的行业。我觉得社会如果能够更加包容、更加认可这些养老护理员，应该会有更多的人加入进来。

未来可能会有一个趋势，就是这个行业的人员靠什么来调整？肯定是靠经济。同一种工作，100个人做，每个人的收入是四五千元；10个人做，每个人的收入就能达到一两万元。

（三）科技可以补充或替代养老护理的人力吗？

王小龙： 有一个问题是，技术的开发者、生产者如何能在真实的场景下搜集有效的信息，开发出对路的产品。因为很多技术实际上并不能够满足一线需求。

比如，养老机构的 WiFi 信号如果不稳定，那么管理软件就运行不了。信息之路不通，就没法推行其他事。我也曾经问过相关的技术人员，如何能确保这个系统正常运作，他说可以，没问题，给你拉个专线，但对不起，一年要几十万元，养老机构根本不可能买得起。这个问题怎么能解决？这就是现实问题。

可能需要设计者走到一线来真正了解老年人和养老机构的有效需求，然后根据真正的购买能力来制订一些方案。

吴　昕：这几年，国家也在推动智慧健康养老产业发展，取得了实实在在的进步，体现在两个方面，第一，我们的各类产品不断丰富和多元化，比如，智能床垫或者监护带等产品，现在基本上能够 24 小时实时地监护老人的生命体征和是否在床的状态，我觉得使用这样的产品能整体降低养老运营者的工作负荷，减少人力的投入。

第二，在居家场景中也有类似的监护产品，如腾讯做的防跌倒产品、生命体征健康状态的监护产品。这样的产品其实能够解决一些独居老人遇到的问题。现在，一些产品的性能得到了极大的提高。我们以前经常觉得手环、手表这些东西就类似玩具，经过这几年的发展，手环、手表的性能越来越高，其监测数据完全可以辅助进行一些医疗决策和日常健康管理。

（四）智慧养老在供给侧面临什么困境？

刘水生： 我们当初做防跌倒产品的时候，最大的困难是数据。当时的解决办法是模拟一些数据，比如，模拟老年人在各种情景下跌倒的姿势大概是什么样子的。当时我们利用一块小毯子，旁边搭好采集设备，每个团队里的人都到毯子上用各种方式去跌倒。我们也在楼梯间、狭窄的过道等处做了一些模拟测试。把这些数据采集好之后，再去做一些标注，就是通过这样的方式解决了初期的数据问题。到后来我们也找到了一些比较靠谱的供应商，这些供应商帮我们去采集更多的数据。其实他们也是模拟，老年人的真实跌倒的数据几乎没有。

其实做 AI 最大的门槛就是数据。我们初期通过自己构建数据做的算法，加上供应商采集的，还有我们在养护院实际运营的一些数据测试的结果，加在一起，精度只有 60%，现在的精度大概能做到 95%。我觉得做养老行业需要日拱一卒的精神，逐渐地把算法做到最优，只有在过程中不断地积累，才能做好。

吴　昕： 我们的智慧健康养老跟新型的基础设施也是离不开的。现在的智慧健康养老处在新基建阶段，现在一定是成本最高的时候。但这种投入又是不可或缺的，如果没有这些基础设施，那么数据和应用就不存在了。

数据怎么来？一定是搭好了基础设施进行数据采集之后才会有的，企业需要在这个基础上去搞研发。这些基础设施的开发工作，目前以国家投入为主、企业投入为辅。当然，基础设施建设好以后，再去做产品开发，企业的开发成本就能大大降低，对于将来产业的整体发展，能起到非常关键的促进作用。

王小龙： 我们现在面临的问题是如何把一些科技设备嫁接在老年人的家里和养老机构里。老年人家里 WiFi 覆盖率很低，这是现在最大的痛点。

（五）供给侧的大产能如何投入到小问题上？

吴　昕： 整个养老市场的供给问题不是能简单回答的。

从技术水平及产业基础来看，我们的供给是足够的，但是最大的问题是功能产业供给没有形成一个生态。拿防跌倒产品来说，真正做的时候，需要一头扎进养老院，收集数据，研究算法代码，最后形成产品，这个链条很长。在供给跟需求之间存在大量的衔接，这种衔接如果要靠企业自己去完成的话，难度是很大的，而且成本也是很高的。当然我有时候也在想，我们在谈论中国养老的技术水平和产业实力时，其实希望解决一个大问题，但是养老行业里有一系列小问题，我们如何能搭好一个完整的环境，让企业参与进来，来解决这一系列小问题，而不是非得用一个大的产能来解决一个大问题，这可能也是需要我们一起去考虑的。

"科技社工"是新的趋势和职业方向吗？

. . .

（一）一定要把老年人从数字鸿沟的另一侧拉过来吗？

陆诗雨： 我们经常说，得想办法帮助 C 端用户跨过数字鸿沟，但作为一家科技公司，有没有足够的立场去把老年人拉到数字化这一侧来？我们一直提倡数字化是老年人的可选项，不是必选项。社会福祉和一般的数字福祉不一样：社会福祉可以汇一笔钱到老年人的账户上，他们就可享受到额外收入；但数字福祉不同，如果老年人本身不会用智能电话或其他智能产品，无论后续这个产品开发迭代得如何先进，都与他们无关。其实目前有科技公司在做这样的科普工作，用产品帮老年人跨过科技鸿沟。我们身上也肩负着这样的使命。

房莉杰： 科普工作其实是相当漫长的。因为科技发展得实在是太快了，比如我们这一代，我们觉得自己会用智能产品就是占据主流了，但到我们老去的时候，可能智能产品已经过时了。以前，基础设施建设也好，能力建设也好，其实主要是国家来做，但说到技术赋能，可能更多的需要企业的推动。

（二）科技日常化于无形

吴　昕： 我们以前希望老年用户主动参与产品使用，现在发现可能要换一种思维：让老年人无感地、被动地体验产品。这个问题尤其针对 20 世纪四五十年代出生的这一代老年人，怎样把产品以一种服务的形式带给他们，不是让他们主动来融入，而是我们去迎合他们。以这种方式达到目的可以说是老年人跨过了数字鸿沟吗？其实不是跨过，是有人帮他们弥补了鸿沟。

王小龙： 其实我们大可不必要求老年人跟着时代发展，或者让他们往数字方向靠拢，因为他们的身体机能在衰退。如何让科技帮助老年人适应现在的生活，解决生活中的问题？比如，他们刷不了卡，能不能刷脸？监测时，他们不愿意戴手环，躺床上能不能自动出数据？……这些都是非常好的让技术融入老年人以往的生活习惯的解决方案，但又是无形的。

陆诗雨： 其实我们已经在做这样的实验了，效果还挺不错的。就拿刷脸来讲，2022 年在深圳的一个社区，微信支付团队和 SSV 合作了爱心餐助餐项目。刚开始，老年人要通过身份证或者在微信群里申领助餐，但这对老年人来说也是一个动作，是有形的。怎么把它变成无形的呢？就是刷脸，刷脸一次，录入之后就不用带身份证了，直接就能领餐。

（三）帮助老年人修复、创造更多的社会连接点

房莉杰： 为什么我们现在的产品优先向重度失能老人倾斜，因为这是刚需，活着是最低的要求。我们面对那么大的老龄化浪潮，肯定要甄别出最基本的需求去满足。

但在健康老人和重度失能老人中间，其实还有中度失能老人。中度失能老人是一个谱系，不是中间的某一

点，而是连续的一条线，不管是从政府的财政资源效率来讲，还是从提高普通人幸福感来讲，中度失能老人反而更需要关怀政策。积极老龄化其实就是如何通过社区的适老化改造，让这些中度失能老人能够走出家门，不至于将自己关在房间里，任凭自己老去、一步一步走向重度失能。比如，可以通过信息化的手段跟主流社会建立连接。我觉得中度失能老人处在失能的预防期，这一块在未来可能会有一个很大的空间。

王小龙： 试想一个刚做完手术或者中风后在康复阶段的老年人，如果不做出改变，其身体机能很快就会衰退。但如果稍做一些改变，如环境适老化，让其不需要别人的帮助就能够自由地在社区或者社会上活动，这对其身心都会非常有利。这也对减少照护成本，包括减轻家庭负担、政府负担，提升整个社会的照护效率，都有巨大的好处。

房莉杰： 人作为一种社会动物，从社会学角度讲会有两个重要需求：一个是尊严，另一个是社会连接。如何让老年人觉得自己不是被淘汰的群体，也不是对社会没有价值的群体？世界卫生组织关于健康有一个全面的定义：生理的、心理的和社会的完满状态。从社会资本角度来研究老年人的健康，会发现它对于心理、生理的影响是非常大的。社会资本很大程度上跟社会健康相关，也就是说，老年人越多地跟社会建立连接，越多地进入社会、参与到社会活动中，就越能延缓心理和生理的老化趋势。我觉得这可能是科技将来要针对的一个方向。

（四）"科技社工"是新的趋势和职业方向吗？

王永春： 我们目前还在初期的基础设施阶段，这个阶段的成本确实高，高在哪里？我作为一个产品提供商，不是把产品提供出来任务就结束了，我还要再花一部分财力培育用户，让他们能够接受和使用产品，这个成本会无限地升高。如果说这个氛围能够被社会各方面的力量烘托起来，那么成本就不会落到一个科技公司身上。目前从我们对科技养老和智慧健康养老产业的发展举措上看，科技服务人员进入一线去辅导、陪伴老龄群体很有必要，这样可以让老龄群体迅速地接受科技服务，或者认识到科技服务的价值。

王永春： 人社部 2020 年发布了一个新的国家职业标准，叫"社群健康助理员"，要求进入社群的助理员具备多种职能：第一是要了解公共卫生的基本知识；第二是要对现在的信息技术有所掌握。当这样一个工作人员进入社区、社群，我想好的产品和技术会被用户接受的。

第三篇

相变

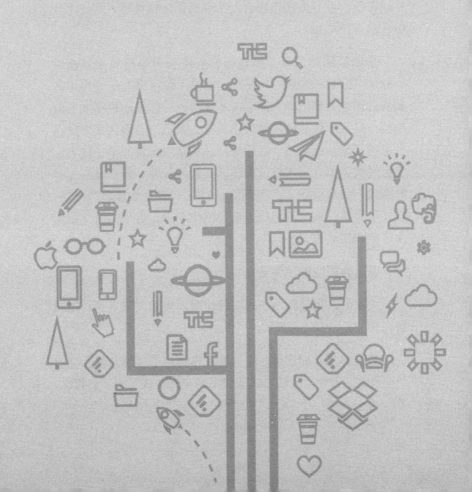

第九讲 司晓——从线下到线上，我们为何仍然需要"在场"？

从"离线"到"在线"，是互联网技术对效率的解放和突破，而从"在线"走向"在场"，在虚拟空间构建仿真世界，在现实世界做虚拟增强，实现真正的临场感，是技术升级和演进的必然。

腾讯集团副总裁、腾讯研究院院长司晓在其主旨演讲《离线、在线、在场》中认为，实现"临场感"是元宇宙的重要的演进方向之一，元宇宙本身是一种技术渐进式发展的趋势，是下一代互联网的技术集合。我们不会因为某个单点技术的突破，或者某个颠覆性产品的横空出世一下子进入元宇宙时代，但元宇宙涉及的传感、边缘计算、感知交互、全息影像、仿真引擎、空间声场、AIGC（人工智能生产内容）等技术会扎扎实实地转化为现实的生产力，进一步改变我们的生产和生活方式。

以下为司晓的演讲全文：

大家好，我是腾讯研究院的司晓，欢迎大家来到科技向善之夜。

通过前几天的直播，相信大家也看到了科技向善大会的一些变化。首先，会议形式从线下完全转变成了线上；其次，由于消除了时空的隔阂，我们的会议容量也由过去的一天扩展为四天。科技向善之夜，也是今年科技向善创新周最后一个环节。作为开场演讲，我想和大家分享的主题是《离线、在线、在场》。

我们为什么需要"在场"？

在正式分享前，先给大家介绍一个最新的技术应用，很多人在网上应该看到过《黑客帝国：觉醒》的实景视频。这不是电影，也不是预先制作的 CG，而是我们投资的 Epic Games 于 2021 年 12 月下旬发布的《黑客帝国：觉醒》的实际体验。

这是一个基于虚幻 5 游戏引擎开发的可交互体验程序，得益于最新的虚拟几何体及动态全局光照技术，用户可以在这个十六平方千米、融合了许多美国大都市标志性建筑的虚拟城市中，感受电影《黑客帝国》世界观下的每个细节，可谓纤毫毕现。

我们自研的游戏引擎 QuickSilver，也能以全局光照、超写实渲染的方式将大家瞬间带入小说《天涯明月刀》所描绘的古风武侠世界。

可以说，最新的游戏科技驱动的仿真技术，已经让我们越来越难以区分虚拟与现实。

不知道大家有没有注意到，除了电影级的超写实能力，那段实景视频中的城市已尽可能在逻辑上模拟了现实，是一个鲜活的、有生命力的环境。无论我们是否在看着它们，由

AI 驱动的逼真角色和车辆、交通红绿灯都在自然、有序地不停运转。

为什么要和大家聊这个视频呢？

今天的话题可能有些抽象，我想先从一个和刚刚这段视频相似的内部故事说起。有些朋友可能已经听说了，腾讯计划在深圳大铲湾的半岛上，建立一个全新的未来总部。新总部的名字还没有最终定下来，但我们内部的昵称是"企鹅岛"。

现实中的企鹅岛，预计几年后才能完成首批交付启用。作为一家科技公司，过去我们在智慧城市、游戏方面有许多积累，所以自然会想到要做一些"有意思的事情"。

所以，在前段时间，我们按照设计方案在一款沙盒游戏中搭建了这个企鹅岛的数字孪生，一方面是探索游戏所积累的仿真、AI 等科技在建筑设计等场景中的应用，另一方面也是在这个相对拟真的环境中去验证我们的规划，如交通能源等系统的设计是否合理，以一种更低成本的方式去优化和"试错"，去更科学地规划我们的未来总部。

由于我们希望模拟出真实智慧城市的交通控制系统，让游戏中的公交行驶规则和现实中一样：等红灯，自动避让，等人上下车，还要有一些比如满载时的甩站等操作。因此，一般游戏中常见的那种固定轨迹的、绕着圈走的公交逻辑就不太可行了。

设计团队在其中引入了真实的自动驾驶仿真系统，让游戏里的载具，去真实感知周围的环境，通过机器学习不断优

96

化，而不是按照事先设定的逻辑去行驶。

说到这里，大家会发现，城市仿真和游戏的区别是要最大限度地还原现实生活场景。游戏中的位移通过传送门瞬间就实现了，能让游戏玩家节约时间，避免重复操作。但应用在数字孪生中，出于城市仿真的角度，就必须加上等车、坐车、堵车这些现实中非常频繁并且十分重要的场景。

这里就引出了今天我想分享给大家的话题，从虚拟在线到仿真在场，我们缺失了什么？或者说要实现在线到在场的跨越，我们还需要什么？下面来谈一个大家都熟悉的场景——在线办公。

在经历过疫情之后，现在大家应该都能熟练掌握各类在线办公工具了，我们用邮箱、企业微信、腾讯会议、在线文档这样已有的产品，把信息沟通、文档流转和办公自动化这些事情，从线下搬到了线上，实现了非常高效的远程办公。

但这个时候，Meta 做了一件非常奇怪的事情，发布了一个叫 Horizon Workrooms 的应用。

这件事情为什么奇怪呢？

这是一个 VR 程序，它构建了一个 VR 办公室，给每个人捏了一个很简单的卡通的 Avatar 虚拟形象，然后再让我们使用 Oculus 这样的 VR 设备进入虚拟办公室办公。

你可能会觉得，我都在线办公了，直接发邮件不行吗？直接开视频会议不行吗？为什么还要在一个虚拟世界里，弄一个只有上半身的卡通形象，去模拟上班的场景？

这其实就涉及在线办公和大家一起在办公室办公到底有什么区别的核心问题，我认为就是在线办公缺乏临场感。

面对普通显示器的界面，大家都是一个个的小方块和头像，虽然我们可以无延时对话，看到对方的表情和反馈，进行文档同步协作编辑，但大家只会把它叫作在线办公。而在办公室里一起办公的话，就是大家在一个空间里，能够看到一样的室内、室外环境，能够交头接耳、左顾右盼，能够有肢体的接触和交互，也能够闻到一样的气味、尝到一样的味道。

Horizon Workrooms 通过 VR 技术给大家提供了一种可能性，就是把大家放在一个虚拟的场域空间里，实现线下办公的临场感。

Google 也试图解决临场的问题。它用光场技术构建了一个裸眼 3D 的远程会议系统 Project Starline。在这个屏幕面前，你可以随意移动，会议对面的人也会随着你的视线转动，就好像你们真的在面对面一样。

虽然我们还做不到《王牌特工》等电影里所描绘的通过

增强现实、全息投影、虚实结合营造的临场感，但最新的消费级 VR 产品已经能欺骗人类的眼睛和大脑，让我们初步感受到在一个虚拟场域中，让大家基于空间音频技术"交头接耳"，可以在同一个白板上以手柄做笔一起创作。

微软 Microsoft 开发的 mash 系统，初衷是打造一个虚实结合的协同空间，这个空间可以用来开会，也可以用来进行协作设计。当戴上眼镜，你可以看到同学或同事以虚拟化身的方式坐在你的旁边，你们可以一起在会议室、办公室进行互动，这实际上是增强现实，你可以看到空气中投射出一个模型，你可以打开模型，拆解里面的元素，借此实现更精细的设计，这比传统远程沟通效率要高许多。

当然，微软应该是对演示视频进行了一些加工，实际上目前还没有办法实现如此精细、稳定的定位，但是在未来硬件迭代中，实现这样的功能只是时间的问题。可以说，在一个物理和虚拟结合的场域里，实现一群人在线办公指日可待。

讲到这里，就会出现一个问题，我们为什么要在虚拟世界里也面对面？我很赞成风险投资家马修·鲍尔的看法：

"在场"感意味着在一个虚拟空间中与虚拟的他人一起实际存在的感觉。例如，将来不再只是通过屏幕进行交流，而是"你将能够作为全息图像坐在我的沙发上，或者我将能够作为全息图像坐在你的沙发上……以一种更自然的方式，让我们感到与他人在一起"，这种身临其境感可以提高在线互动的质量。

与办公相比，演唱会、球赛等人们聚在一起现场观看的活动，更能说明我们为什么要追求在场的体验，也许因为现场嘈杂、观看角度等问题导致观看效果甚至还不如在家里对着大屏幕呢，但置身于人群之中，万人合唱、喝彩、嘘声，那种氛围和沉浸感是再大的屏幕也无法给予的。

2021 年疫情期间，美国歌手 Travis Scott 在线上游戏《堡垒之夜》中举办了一场虚拟演唱会。这场演唱会有 2300 万用户参与，这个数量级是线下永远不可能实现的。而且整个场景都实时可互动，观众戴上 VR 设备，不仅能看到歌手在虚拟空间中的动作，聆听环绕身边的音乐，还能在这个过程中看到其他观众的反应和动作，一起挥手、跳跃。新的科技让大家足不出户，也能体会到亲临现场的感觉。

2022 年 6 月上线的由中国文物保护基金会和腾讯公益慈善基金会联合发布的"云游长城"里，基于游戏技术打造的"数字长城"正式亮相，用户通过手机就能立即"穿越"到喜峰口西潘家口段长城，在线"爬长城"和"修长城"。"数字长城"是光线追踪技术、虚拟几何体技术等最新的虚拟仿真技术的集成，更重要的是，它通过手机可直接访问与参与。

这段长城在现实中是不存在的，我们拿这个技术去复建一段损毁的长城，肯定也是没有问题的，它比《黑客帝国：觉醒》呈现的画面更为精确，在《黑客帝国：觉醒》中，你无法自己推进任何一个镜头，在"数字长城"中，你可以从任何一个毫米级的角度去看一片树叶、一块长城上破损的砖，并且你可以通过互动的方式去修复它，并且可以在手机上直接实现。当前手机的算力是没有办法支持这样的大运算的，所以它必须把算力放到云端，手机只呈现运算的结果。

以上这些案例都是数字技术在仿真与"在场感"方面的一些贡献。北京大学新闻传播学院教授胡泳曾在一篇文章中写道："沉浸在一个栩栩如生的的数字世界中。你看到的东西填满了你的整个视野，并且你的每一个动作都获得追踪。这种体验唤起了我们所说的'在场感'……这带来一种亢奋，而且具有难以捉摸的属性：超越性的、被远距传输的刺激，你觉得自己在另一个世界中身临其境，而不用考虑自身实际上不过是在原地站着或坐着，似乎可以一下逃离眼下的世俗事务。"

实际上，**VR头盔无形之中改变了我们的交互方式，VR设备第一次把人体作为输入设备**，你甚至可以通过大脑转动的方式驱动屏幕显示相应的内容，整个摄像头也在追踪你的全身，下一代头盔会在内部装两个摄像头去实时捕捉表情。

全真互联与元宇宙

今天，我们正进入了一个全真互联的时代。全真互联是通过多种终端和形式，实现对真实世界全面感知、连接、交互的一系列技术集合与数实融合创新模式，是实现从"在线"到"在场"跃升的关键一步。对于个人，全真互联能随时随地提供身临其境的体验；对于企业和组织，全真互联让服务变得更可度量，质量更可优化，推动组织效能提升；对于社会，全真互联让资源利用效率提升，为产业发展模式带来创新，提高政府治理效能。

"在线"和"在场"是一个空间与时间的重组，是一个主体和客体的同步状态，是一个本我与他我同时在线的状态。

"场"是一个人和人，或者人和环境相互影响、交织的氛围。清华大学副校长杨彬教授曾经分享过一篇文章，谈到了线上课堂和线下课堂区别到底是什么？文中有一句话说，在线下的课堂你一眼就能知道到这个教室里面是一个什么样的状态，是否井然有序，人是多是少，所以它不需要通过你的眼睛有意地捕捉这些信息，窸窸窣窣的声音，不同的体态与表情，甚至于空气中的一丝异样。空气中的氛围是难以描述的，我们说空气忽然变得很暧昧、变得很安静，如果大家不在一个场域里面，很难产生并捕捉到这种氛围。

线下上课的时候，老师经常会批评同学们不要交头接耳，但是如果对着腾讯会议大家可以做到交头接耳吗？显然不可以。很多成语都带有物理空间场域和氛围的描述，比如"身临其境"，诗人也好、作家也好，他有很强的能力用语言描述让你产生身临其境的感觉。但它一定不是具象的，不是数字长城和虚拟办公室这种感觉，这种感觉只有当你戴上VR头盔时才会体验。

所以，"在场"是一个空间与时间、主体与客体、本我与他我实时同步的状态。麦肯锡说未来虚实合成的世界应该是 immersing，具有沉浸感、实时交互的。腾讯董事会主席兼 CEO 马化腾提出的全真互联网也在行业内引起热议，移动互联网发展十年之后，可能有下一波的热潮，我们称之为全真互联网。微软 CEO 萨提亚·纳德拉认为："在场"是元宇宙的杀手级应用。奇绩创谈创始人陆奇发现："元宇宙"本质上是一种体验容器，让人与人、人与环境之间的交互状态是"在一起"，即 Embodied Experience。

结合以上行业大咖的论断，我也试图做一个总结，希望把视角从数字时代放大到整个人类发展的历程上来，从信息传播的载体、信息传播的形态以及信息传递的效率这三个维度来看时代的变化。

农业时代的信息载体是竹简、羊皮和纸张。信息传递靠什么呢？网上有个段子说："出行基本靠走，通信基本靠吼"，在没有辅助性工具的情况下，之前的通信就是这样，长距离的传递如驿站、烽火、狼烟……传递信息的方法也无外乎此。

进入工业时代，出现了现代印刷术，出现了电话、电报、BB 机、手机、Pad 等通信工具，大概是一个 2D 的空间。到下一阶段，元宇宙也好，或者叫别的名字也好，可能主要是各种智能终端沉浸式的体验，**从"在线"到"在场"的过程中，是把我们之前有价值的通信细节重新通过技术还原找回来的一个过程。**

这里，我分享一个特别具体的例子。从 20 世纪 90 年代开始，为了在只能发文字的互联网上表达情感，网民发明了颜文字，后来有了 emoji，emoji 又变成了表情包。但到表情包为止，其实我们都不是"在场"的状态，而是"在线"的状态。因为表情包没有办法像真正的人脸那样表达那么多复杂的微表情，也没法和真实表情实时同步。

苹果公司在 2017 年发布的 Animoji，在一定程度上将"在线表情"向"在场表情"推进了一小步。我们现在也已经看到了大量实时呈现主播表情的卡通形象，活跃在各大直播平台，这增加了趣味性，也满足了匿名化直播的需求。

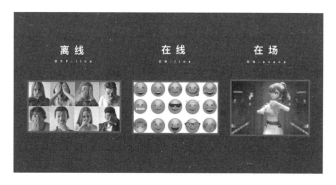

未来，我们可能会完全补上实时表情的信息缺失，以虚拟人的形式实时出现在远方的现场，实现身体的复制和延伸。

2021 年 9 月，一个单身妈妈以虚拟化身的形式，登上了美国综艺节目 Alter Ego 的舞台。这位妈妈本身是一个很内向的人，所以她选择创造了一个与自己性格完全相反的形象，这让她更有勇气面向观众。

这其中使用的仍然是动作捕捉和面部表情捕捉技术，我们都知道这种技术在过去是十分昂贵的。但在过去 10 年，它的成本在快速下降，设备也变得越来越小型化。可能有朝一日，我们每个人都能像使用智能手机那样，将自己投射到远方或虚拟空间。

目前腾讯也在快速迭代数字人的版本和能力，从 2018 年代表当时最高水平、高保真的虚拟人 Siren，到最近的我们公司的 Digital Steven。

要特别说明的是，从在线到在场是技术的升级和演进的必然，但并不意味着在场一定比在线更高级或者一定会取代前者。在线时代，表情包一图胜千言，异步通信的思考和斟酌留给用户空间和时间，甚至于微信里的"对方正在输入"带来的期待，恰恰是比当面或在场更有空间、更轻松、更有

意思的地方。

但新技术无疑提供了越来越接近无损的信息传输和真假难辨的数字仿真能力，为人类的交互和体验提供了新的方案。它能够在人们需要的时候，让远在天边的一群人置身于同一空间沟通和协作，能够在足不出户的情况下，让远程的化身实现亲临现场的表演和演讲，真正实现人的身体的复制和延伸。

我们在讨论全真互联、在场的时候，很多人肯定也会马上联想到火爆的元宇宙概念。很多人觉得现在好像什么都是元宇宙，但元宇宙又好像什么都不是。我个人的理解是，元宇宙本身是一种技术渐进式发展的趋势，就像我们在 30 年前说信息高速公路，10 年前说移动互联网一样，概念本身叫什么并不重要，它只是一个巨大的技术应用和孵化的池子。基站、手机、短视频、直播、外卖、可穿戴设备，我们都会把它装进"移动互联网"这个概念里。

我们不会说移动互联网时代的来临，是某个单点技术的突破，或者是某个颠覆性的产品的横空出世。元宇宙也是这样，任何一项技术单点的突破或炒作，都不会把我们瞬间带入新时代。而我们会在不断的技术涌现和应用中逐渐把在线时代推向一个"重新在场"的时代。

"在场"催生的技术创新展望

知名科幻作家刘慈欣曾经说过，人类的科技树有两个方向，一个是星辰大海，另外一个则是在虚拟空间里不断地内卷。

但实际上我们发现，这两个应用方向并不必然冲突，甚至有可能是相互依存的。因为技术总是以涌现的方式持续出现，我们实际上是无法完全预测每项技术的突破在未来会产生什么样的应用，带来什么样具体的变化。

比如说，现在看起来移民火星似乎是我们人类迈向星辰大海中重要的一步，但这其中需要的很多技术，可能最终并不来自星辰大海的那一侧。

以我们现在的技术基础，到我们真正实现有一部分人在火星上居住，这中间有一大部分空白。这部分空白是由什么来填补的，如果开个脑洞，可能是由自动化机器人、远程控制和 VR 来实现的。

比如在真正的人类"火星在场"之前，在往火星上派机器人建基地之前，要首先实现在虚拟世界中对"火星"的在场。要先给火星建个超拟真的 VR 模型，去模拟各种可能出现的情况，就像我们要在沙盒游戏里建的那个虚拟总部一样。

我们会发现，这个过程需要的技术可能源自完全不同领域的技术涌现与应用。我们试着拆解一下远程操控机器人建设火星这个场景，按照最简单、最粗略的估计，至少得有以下几个方向的突破：

其一是机器人技术，要有大量身形灵活、能搬能扛的机器人在火星；**其二可能是 VR 和拟真技术**，我们要保障远程的操纵员能全视角、多维度感受到周边环境；第三，**除视觉**

和听觉虚拟现实外，触觉模拟也是一个热点领域。

这些技术，也许能从当下我们在地球上已经实现的应用中找到雏形。在去年 11 月的腾讯全球数字生态大会上，腾讯云和三一智矿有一个合作，实现了在武汉现场的展厅中远程驾驶一辆位于鄂尔多斯的矿车，驾驶操作甚至可以在多辆卡车之间来回切换。操作台与矿车之间距离约 1500 千米，但整个驾驶过程几乎是无延迟的。

由于火星到地球的单向通信延时超过二十分钟，加上带宽的限制，我们可能没有办法在地球上实时操作工程车在火星上作业，但未来这样的技术，也许可以让我们的宇航员在更适宜人类居住的火星轨道上的空间站里，去控制火星上的车辆和机器人建设基地，建设好后再让人员落地，以保障人员的安全。

再比如腾讯的 NExT Studios 工作室根据火星探测器采集的数据，已经用 UE5 引擎真实还原了火星地貌，让大家可以身临其境，置身于 5500 万千米外的火星上。同时，我们的技术人员还还原了太阳系最大的峡谷——火星水手号峡谷，全长 4500 千米，相当于从沈阳到曾母暗沙的距离，并尝试着模拟了火星的天气变化和气流运动。

除了供大家体验火星，VR 技术的发展早就开始应用到神舟十二号宇航员的日常训练当中。早在 2016 年的时候，神舟十一号的宇航员在太空中利用 VR 眼镜与亲人团聚，从而大大缓解了远离亲人的焦虑。这也是技术带来的现场感才能实现的心灵抚慰。

在机器人方面，我们最早看到的是硅谷的创业公司波士顿动力做的机器狗，能四条腿直立行走，再到双足人形机器人，现在已经能跑、能跳甚至还能空翻。

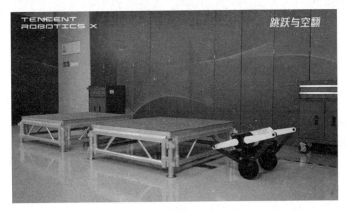

腾讯的 Robotics X 实验室在机器人领域也不断进行研究和创新，今年发布的轮腿式机器人 Ollie，其做到的 360 度空翻动作也是同形态机器人中的首次。我们还在机械臂接住抛出的柱状物、球状物等物体方面进行了探索，并取得了成功。

机器人的快速发展不仅出现在新闻稿中，也出现在了现实生活中，例如在安防巡检、灭火救灾、家人陪护、养老助残等领域有非常好的应用前景，未来它们的能力不断进化，也许能够胜任建设火星的角色。

在触觉模拟方面，Meta 的 Reality Labs 在前段时间公布了触觉手套的技术，亚马逊老板贝索斯投资的一款触摸式远程机械手可以完成 24 个动作。触觉虚拟现实可能短期内会先在社交与游戏领域找到应用场景，但等到它的水平进一步提升，就可以被用来远程精确操控一些机械设备。

元宇宙和火星移民都还是大家的想象和愿景，也许并不是我们实际会到达的未来。所以，我们既要反对不负责任的概念炒作，也不赞成将虚拟世界和现实世界对立起来的立场。

可以肯定的是，相关的技术一定会持续涌现，不断地把我们的体验从在线推向在场，其中的种种技术创新点，可能会以我们当下还无法想象的方式改变我们的生产生活。和对未来宏观趋势的想象相比，我们更应该关注其中每项技术的落地和应用，规避和治理它们带来的隐私、健康和伦理风险，让它们在影视、娱乐、工程、生产等领域脚踏实地，一步一个脚印地落地，产生实际的价值。

回到"离线、在线、在场"这个主题，我想表达的是我们要对未来抱有一种"乐观并谨慎"的态度。

技术有它自己的发展步调与应用规律。

上一次参加科技向善大会时，我举了一个安全带的例子。汽车是技术应用的典型，但直到汽车量产 50 年之后，汽车行业才发明了第一条安全带。现在回想起来，这是一件有些可怕，但又非常值得庆幸的事情。

在更广阔的科技行业里，风险会以更广泛的形式存在。全球的科幻作家创作了无数关于赛博朋克题材的作品，以至于元宇宙这个概念在 2021 年刚刚成为风口的时候，就有很多人发出了批评的声音，这样的批评声音是非常有价值和意义的。

但回顾历史，我们也能看到人类一直以来驾驭风险、善用技术的能力。以 Xr、数字仿真为代表的科技会带来交互效率的提升，更强的沉浸感，对人类的生活、社交甚至心理都会带来更加深刻的影响。

我们要相信技术进步会为全社会带来福祉，也要看到技术本身的局限性，既不要冒进，也不要因噎废食。唯有如此，才有可能发挥新技术潜力，惠及大多数人的生活，解决传统社会、特别是数字化转型中所面临的难题，使得人类变得更强大、更幸福，这也是科技向善的应有之义。

第十讲　Kyth——互联网为什么让我们越来越不开心了？

小宇宙播客 App 的 CEO 舒玉龙（Kyth）试图回答一个很多人都意识到但没有答案的问题：互联网为什么让我们越来越不开心了？

以下为 Kyth 的演讲全文：

"上网"本身，变得焦虑了

我不知道这个题目是否反映了大家的一种普遍的心情状态。对于我们来说，现在每天使用的互联网，可能已经不再是一个会让我们感到一直愉悦的存在了。先介绍一下我自己，相比大多数朋友，我觉得我的网龄应该比大家都长一点儿。我是在 2000 年前后开始上网的。刚开始上网的时候，我会经常浏览各式各样的兴趣论坛。在那段时间里，我大多数的同学都很喜欢玩计算机游戏，包括即时战略、第一人称射击这样的游戏。但是我从来没有玩过这些游戏，因为当时我觉得上网实在太好玩了，我能在网上看到各种各样的信息，和各种小众爱好的朋友交流，就已经非常开心了。那个时候上网是很快乐的。但是，现在对我们来说，上网可能已不再是一件快乐的事情了。我们上网的时间比以前要长很多，但当我们放下手机的时候，心里会是满足、平静和愉悦的吗？

我们每天打开手机看新闻时，在看见大家讨论一件新的事情后，总会怕自己跟不上节奏。当我们看到一些耸动的标题时，会感觉这又是在贩卖焦虑。我们的情绪被在互联网上看到的内容牵动着，为什么会变成这样呢？十几年来，我觉得社会发生了很多变化，与此同时，互联网本身的变化也在塑造着我们观看这个世界的角度。接下来我会从产品设计方面讲几个我自己的观察。

我们是如何走到这一步的？

首先，我想向大家分享的是"时间线"，这大概是 Facebook（现更名为 Meta）在 2005 年发明的。其实早在 2004 年，在 Facebook 上你如果要看一个用户的状态，就必须点进其个人主页。但 Facebook 觉得，这样操作太累了，所以它就发明了一个产品——NewsFeed，即现在大家认为的"时间线"。NewsFeed 刚上线的时候还引起了很多争论，Facebook 用户觉得，这样好像太不顾及用户隐私了，但是事实上它非常成功。它使得我们可以在一个时间线里看到所有关注的人的动态。这个设计后来被 Twitter 用到、被微博用到，最后成为在过去 15 年里社交网络的标配形式。它一方面是一个非常高效的信息组织的方式：当你关注一个人或更多人之后，你可以在一个时间线里，把这些信息一次性看清楚，而不用反复访问不同人的个人主页；但是另一方面，当你每次使用时间线功能的时候，都会发现自己不再能沉下心来仔细浏览其中的每个链接、每篇文章（如果其中的一个状态还包含了一个文章链接的话，你在看那篇文章的时候，心里其实还会担心错过外面的东西，所以你在那篇文章里面停留的时间会越来越短）。我们会变得越来越无法沉浸下来，这就是时间线这个产品形态所带来的一些新问题。

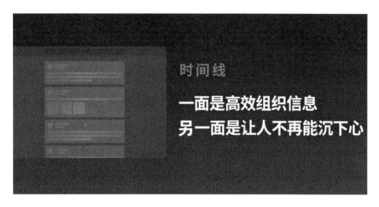

第二，我想讲的是评论区。现在几乎没有一个内容平台是没有评论区的。大家都知道，不是所有人都有内容创作的能力的，但是大多数人都有看评论、发表评论、给评论点赞的能力。如今我们在评价互联网产品的时候，会提到它的社区氛围和人气，基本上也是看评论区到底怎么样、评论区有多少人、评论区是不是有梗、评论区是不是会玩梗。一方面，评论区是营造和承载社区氛围的场所；另一方面，它也是一个成本最低的用户发泄情绪的渠道。无论什么样的用户，在来到评论区之后，其实都是可以对博主评头论足和发表评论的。大多数内容平台，对用户几乎是没有设置任何评论功能门槛的。这件事情就会使评论区成为目前整个移动互联网中社会问题集中爆发的地方，无论是 Twitter 还是微博。

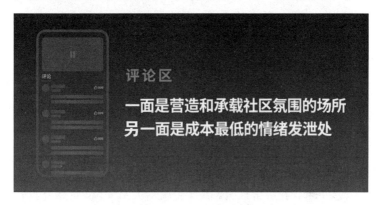

第三，我想讲一讲弹幕功能。其实弹幕功能应该算过去10年里最成功的产品创新之一。现在我在看一些电影时，都会优先去选择看有弹幕的版本，当有了和弹幕一起看电影的体验之后，可能很难再回到没有弹幕去看电影的时代了。对于用户来说，弹幕能够让人异步地得到共鸣，营造出"天涯共此时"的感觉。但是同时我们也会发现，弹幕带来了各种各样的新问题，比如，在一个视频里，弹幕让情绪走得比内容更加靠前。当我们看一个视频的时候，一方面，在前几秒钟，弹幕就已经铺天盖地地飘过来了，这些弹幕好像在告诉你，你应该对这个视频产生什么样的情绪。另一方面，在弹幕情绪比较整齐划一的时候，对这个视频产生不一样感受的人，其实反而不太会发言了，这有点儿像"沉默的螺旋"效应。但这并不是说弹幕功能不好，而是说当一个功能有越来越多的人使用之后，我们可能需要重新审视该如何去跟这个功能相处，去调整我们与它之间的关系。

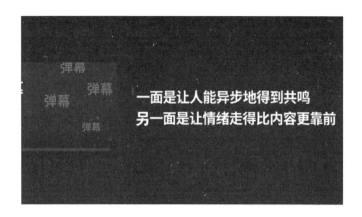

接下来，我讲讲点赞。其实点赞对大家来说，应该是再熟悉不过的功能了。对 Facebook 比较熟悉的朋友可能会知道，在 Facebook 更名为 Meta 之前大概十几年的时间里，Facebook 的总部门口都挂着一个巨大的点赞符号。这个功能使用户在评价一个内容的时候，所花费的成本被降到了最低，这也使 Facebook 拥有了最多的互动量，这个功能也被应用在之后所有的社交网络产品中。点赞是成本最低的互动方式，但是它同时也让内容价值渐渐地被数据所主宰。当我们在评价一个作品内容好坏的时候，点赞数成了一个所有人都无法忽略的指标。我们可能不再在意，那些点赞的人的评价体系是不是一样的，他们每个人是不是拥有同样的鉴赏能力。再如显示粉丝数、Follow 这样的功能，其实对我们来说就更加熟悉了。它们都在不断地塑造着我们对互联网上的人和内容的看法。

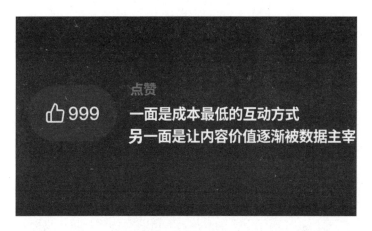

最后，讲一讲沉浸式短视频。在过去几年里，沉浸式短视频一方面成了移动互联网时代我们能够找到的最强刺激的娱乐方式；但是另一方面，它也使我们在消费内容的时候，快乐阈值被不断地提高，耐心值被不断地降低，最终我们可能会越来越沉迷于这样一种产品形态。

从长远来看，这对我们大家的身心健康都是足够好的吗？我们知道，现在短视频产品也在不断地推出一些防沉迷的功

能,但是这些功能总的来说还是和沉浸式短视频的运营目标相悖的。

人需要的不只是高效率

移动互联网时代已经逐步地从高效率过渡到高消耗的阶段。如果大家还记得的话,移动互联网时代差不多是从乔布斯发布 iPhone 开始的,到现在有 10 多年的时间了。这期间互联网行业经历了巨大的发展,其所获得的用户量比桌面互联网时代所获得的用户量还要多得多。

现在全球大概有 2/3 的人都是移动互联网的用户。在过去 10 年里,移动互联网从工具到内容再到生活,已经逐步渗透进每个人的生活。

移动互联网提供给我们新闻、视频,提供给我们看剧、看电影的机会,后来又渗透到我们买菜、出行等生活的每一部分。在每天 24 小时的生活中，我们有越来越多的时间是被移动互联网所掌控的。在这个过程中我们会发现，移动互联网一开始是高效的代名词，但是当它和我们的生活紧密相连的时候，它却开始逐步消耗我们的情绪和精力。

一个主要原因是，一开始移动互联网的工具性会让大部分人迁移进来，工具性能够产生规模效应，而更多的人参与到移动互联网里面，便会产生网络效应。

另外，我们现在所处的互联网环境还不能算一种特别健康的状态。很多国内规模极大的互联网公司，仍然处在无盈利的状态。

这是因为在过去 10 年里，让平台得以野蛮生长的红利增长时期已经快走到尽头了，竞争的激烈使这些互联网公司仍然需要付出巨大的新客获得成本。竞争仍然在继续，但是网民已经把互联网当作一种免费的基础服务了。

在这个过程中，移动互联网开始重塑我们的一些旧有的生活习惯。

在过去的 10 年里，在内容渠道上，电视和纸媒已经被逐步取代了。目前，移动支付被全面使用，很少能看到纸币了。

全体网民的新习惯逐步成为人们的新生活方式，互联网成为人们的精神居所、与世界连接的媒介。

高效率塑造新习惯
全体网民的新习惯逐步成为生活方式

互联网成了一个高心理消耗的互联网。一方面，互联网是一面镜子，它让信息与信息的流动变得更加透明；但是，它也放大了贫富差距，它反映了真实的世界，同时它也反映了可能的世界。人们随时随地都能看到别人的生活状态，这一切变化会使大家越来越不容易满足自己现在的生活状态。

另一方面，移动互联网其实经历了人类历史上最快的一次人口膨胀时期，这次人口膨胀的结果是，我们所有人都在互联网上生存。

人类的舒适区其实是以群落化形式存在的。在移动互联网接入了 60 亿人之后，我们要面对一个广场式的互联网，但是大多数人其实还没有准备好和那么多价值观不一样、语言不一样、对世界底层认识不一样的人一起生活。

反射了真实世界和可能世界的镜子
承接了史上最快人口膨胀的广场

对于互联网人来说，接下来可以去思考的一个问题是，在高消耗的互联网时代里，我们的产品如何可以让世界和人都更美好。

网络世界的变与不变

哪些事情是不变的？首先，我觉得有一点可能不一定有很多人想到过：几乎所有 1975 年之后出生的人，都会做一辈子网民。所以，互联网接下来会不断地呼唤为中年人和老年人生存和生活设计各种各样的互联网设施。

其次，接下来的一个时代，我们所有人都会上网。这个"所有人"就是在地球上出生的所有人，迟早都会连到互联网内。在这个过程中，在温饱问题解决之后，每个人都会更加在乎自己。因为没有一个人想在互联网上做"二等公民"，我们会更加强调对自我的认同，对自己所属群体的认同。

再次，我觉得不会变的东西是，人们会追求效率，但是也会追求更加深层的情感寄托。互联网现在的内容是极其丰富的，但是在这个丰饶而瞬时的互联网里，真正的关怀和爱是稀缺的，能够分到每个人身上的注意力会越来越短暂，在这个时候一些深层的情感寄托就会越来越有价值。

最后，我觉得在未来的一段时间里，世界的多元和碰撞会越来越明显，包括过去几年东方和西方在一些理念、价值观上的碰撞，让大家能感受到人与人的不同。由于信息的流通，这些碰撞会越来越直接，所以，互联网可能需要呼唤更多理解和沟通的渠道。

> 所有的"75后"，都会做一辈子网民
>
> 所有人都会上网，所有人都会更在乎自己
>
> 人会追求效率，人也会追求深层的情感寄托
>
> 世界的多元和碰撞，由于信息的流通会越来越直接

如何让上网更像"回家"？

在过去 10 年里，在中国发展起来一些大的互联网公司，其实它们的产品或多或少都可以被理解为商业地产。什么是商业地产呢？

　　比如购物中心，购物中心里有餐厅、电影院、书店，有卖衣服的店。因为购物中心有这些设施，我们才会到里面去。

　　无论是内容平台还是电商平台，或是生活服务平台，因为这些产品里有相应的内容，有相应的服务和产品，用户才会使用它们。

　　在城市，除了商业地产，还有住宅地产。所有的居民楼、公寓和小区，就是住宅地产，我们为什么会去住宅呢？因为我们住在里面，我们的家就在里面，它不需要有任何吸引我们的外部的东西。我觉得在下一个 10 年里，会有越来越多的产品沿着这个方向进一步创新，未来可能会有越来越多的互联网产品像住宅地产，而不像商业地产。

　　这些互联网产品会让我们感受到更多家的属性，我们每天打开它不是因为里面有什么外部的刺激，而是因为会感受到这个空间是我们自己的，是能够住在里面的"家"。

下面我跟大家分享一些我看到的新的尝试，是我自己在日常工作中接触到的一些印象比较深刻的例子，它们的模式有一些不同之处。

首先介绍一下小宇宙，这是我负责的产品。小宇宙是一个播客客户端，播客是什么呢？播客比较像网络电台，它是一种可以被订阅、定期更新、有固定主持人的长音频节目。很多朋友也许会觉得，和图文、视频相比，播客获取信息的效率是比较低的。但是在听觉场景里，比如通勤场景，播客可以做到更多的陪伴，并与用户建立更深的情感连接。

播客&小宇宙
更深更久的情感连接

对于播客来说，信息密度低是一个特点，但是它可以同时做到让情感和真诚的密度更高。之前和一些朋友交流的时候，他们会觉得在做客播客时，更容易走心，因为在录播客的时候没有摄像头对着他们，会更自然地放下心防。

在一期《三联生活周刊》的封面，"播客再度流行"标题的边上有一行小字：加速世界的解药。这个世界并不一定是我们所谓的"加速世界"，但这和我所要分享的主题有一些暗合。

播客能够提供更多倾听的价值、对话的价值、长期陪伴的价值和信任的价值，它提供了一种让我们能够慢下来，也能够给我们带来温暖的内容。小宇宙的用户对每个播客的信任都是通过时长累积下来的。目前，在小宇宙里，有 300 档以上的节目，它们的总收听时长超过 1 万小时，单集收听时长最多已经超过 200 年。对于听众来说，播客更像一个活在耳朵里却未曾谋面的家人。

接下来，我想跟大家分享一款叫作 Newsletter（邮件通信）的产品。从 2021 年到 2022 年，Newsletter 在美国和中国的互联网上都有一定的回潮。

其实 Newsletter 已经存在很长时间了。但是从 2020 年开始，从美国一个叫作 SubStack 的服务开始，Newsletter 逐

渐成为一个全新崛起的内容创作平台。SubStack 使 Newsletter 焕发出新的生命力。

在 SubStack 上开设邮件通信服务的人大多是记者、分析员和各领域的专家。Newsletter 的本质就是当你订阅了一个人的邮件后，每当他写了一篇新文章后，Newsletter 就会将其发送到所有订阅者的邮件列表里。这是一种更加平等、关系更加确定、周期更长的对话方式。

而且，用户收到的每篇文章都没有点赞数和排名，用户不知道自己订阅的 Newsletter 博主有多少个粉丝。但对于用户来说，通过每篇文章都可以和作者发起直接对话。

我再分享一个合作计划——一档叫作《迟早更新》的播客，和小宇宙同时进行"迟早公开计划"。这个计划有一个设定，一期节目在 1000 个人买单之后，就会解锁为全网都可以收听的状态。

也就是说，它本来是一期付费节目，但是在 1000 个人买单之后，它就会变成一个免费节目。这个活动其实是有一点实验性质的，《迟早更新》的主播任宁和枪枪想和我们一起看一下，是不是会有足够多的人来进行这种看似"利他"的行为。

最后的结果是，我们在 36 小时内把一期节目卖出了 1000 份，后面就解锁了。在这个过程中我们感受到，有足够多的人以比想象中更快的速度来解锁一个好内容，我们也在这个过程中找到了志同道合的同伴。

下面我想介绍一下 Letter，它是一个于 2021 年上线的英文网上论辩平台，里面所有的观点和谈话都是书信式的，内容领域包括政治、科学、经济、文化等。

Letter 里有一些大牌作者，包括《人类简史》的作者、畅销书作家赫拉利，还有美国最著名的知识分子之一乔姆斯基等。

　　和现在的很多东西相比，这个产品的特点是帖子不会被马上回复，而是作者深思熟虑后再回复，一个人对另一个人不是简短地评论，而是仔细组织语言之后，心平气和地评论。这个产品能够让我们感受到的是，不一定真的要去说服别人，因为说服别人很有可能会失败。但是公共对话是有价值的，把这种友好的、友善的、心平气和的对话内容公布出来，就会让人感受到文明的力量。

　　有一个游戏可能大家都还记得，就是大概在两年之前比较火的一个叫作《旅行青蛙》的休闲游戏。这个游戏让我印象比较深的是，在关掉游戏放下手机的时候，游戏里的世界仍然在发生。当你在游戏里养了青蛙之后，青蛙有时候在家里，但是大部分时间青蛙是会背着行囊出去旅行的，每次回来的时候还会带一些外面景点的照片。这个游戏创造了一个没有什么焦虑和太强刺激的世界，让很多人产生了一种做父母的感觉，他们把青蛙当成自己的"儿子"。

　　这个产品给我的启示是，其实我们可以有一个不用一直打开移动电话，不用一直看屏幕，仍然会让人感受到一种淡淡的牵挂和充满好感的世界。

　　另外一个游戏想必大家就更熟悉不过了，就是任天堂的《动物森友会》。很多人在《动物森友会》上线两年之后，仍然乐此不疲地玩这个游戏。我觉得这个游戏和其他同类游戏最大的区别在于它的游戏目的是生活本身。一开始，游戏会给你一个岛，你在岛上会有 10 个动物朋友，这些朋友也会有来有往，你可以建造自己的家，也可以不建造自己的家，但这个世界是你的。

动物森友会
游戏目的是生活本身

在这个世界里，你和这些动物朋友的友谊会不断加深，游戏会让你真正感觉到这个岛是自己的家，这个家可能比你在现实生活中的家还要让你眷恋。我觉得这个可能是未来下一代互联网产品会更加接近的一个方向，即让人找到家的感觉。

那么，我认为这种往"家的感觉"走的互联网产品，或多或少是对高心理消耗互联网产品的一种抵抗。打个比方，高心理消耗互联网其实是"耗电"的，而"家"应该是可以让你"充电"的。当然，远离互联网可能更不容易"耗电"，但是在让你"充电"这一方面，互联网应该还有很多事情可以做。

互联网应该能让世界变得更美好

最后我想说的是，在未来 N 年，互联网在产品、设计和平台等方面肯定会继续发展下去，我们可能需要更多地关注互联网如何让世界变得更美好。下一个时代的互联网应该是一个更温暖、更平等的互联网，它同时也应该是一个更能解决现实问题的互联网。它也应该是一个更加关注具体的个人和其幸福的互联网，而不是流量的互联网。最后，它应该产生更多的社会价值。

一个让世界更好的互联网

更温暖、更平等
更能解决现实世界中的问题
更关注具体的个人而不是流量与数据
更能提升每个普通人的幸福感
更能产生社会价值

互联网从业者无论是作为内容生产者还是作为内容消费者，都可以更多地往这个方向去思考。可能互联网行业还有很多应该被做出的产品和内容还没有被做出来，作为互联网行业的从业者，我和大家共勉，希望我们都能够创造更多有意思、好玩、有价值，能让更多人感受到家的感觉的产品。

以上就是我分享的内容。很多想法不一定对，希望能给大家一些启发，谢谢大家。

第十一讲　猫助——如何通过互联网捡破烂？

旧物回收似乎是城市里的一个"古老"生意，但多抓鱼创始人猫助把这样的传统交易接入互联网之后，其提升的不仅是效率，还包括观念的改变。这背后是一系列规则的建立和技术的投入。

在"数字赋能循环经济——如何通过软硬件开发捡破烂"的演讲中，猫助分享了她的一些思考和实践。

以下为猫助的演讲全文：

大家好，我是多抓鱼的猫助。多抓鱼是一家做耐用品循环回收的公司，我们的标语是"真正的好东西值得买两次"。这个标语听起来很有道理，但是想要实现的话，就需要拥有能够从垃圾中淘金的能力。多抓鱼创办于 2017 年，最初是受日本最大的二手书连锁公司 BOOK OFF 的启发。当时，我们的创始团队到东京八王子的 BOOK OFF 旗舰店去考察，我们发现，不仅是书籍，凡是我们能想到的商品在那里都有，并且都可以以很便宜的价格买到，品类齐全到相当于一个生态小镇了。

我们在思考如何把这种便捷、实惠又非常有乐趣的消费体验搬回国内，于是在过去 4 年间，我们做了很多本地化和线上化的尝试。截至目前，多抓鱼已经卖出了 2000 万本二手书，在国内二手书市场上占有了不错的市场份额。

2021 年，我们在上海开了一家实体门店，将从用户手中回收的二手服装，经过清洁、翻新后再次上架。到目前为止，我们的服装循环业务已经回收了 10 多万件二手服装。

很少会有人知道，其实服装制造业是仅次于石油化工业的全球第二大污染行业，它每年会产生大量的水污染和碳排放。而我国能对服装进行有效回收的份额不足 1%，每年大概有 2600 万吨服装是通过填埋或焚烧的方式进行处理的，处理的过程又产生了大量的废气和土壤污染。与此同时，日本的整个服装循环业的渗透率能做到 15%，为什么会产生如此巨大的市场差距？

基于多年的行业观察，我们发现主要原因是国内的消费者对二手服装的接受度还不是很高，这导致服装循环的市场并不大。整个市场循环链路其实依然是以很原始的、非数据化的状态运行的，非数据化的回收导致回收的服装质量不佳，又加剧了消费者对二手服装的负面印象，所以服装回收市场基本上是一个负循环。

经过对市场的分析，我们发现过去的服装循环过程有三个痛点：

第一个痛点是以前的回收业同行很难从源头上回收未

被二次污染的服装。现在最主要的二手服装回收的源头其实是每个小区的垃圾箱。可以想象，大部分服装在垃圾箱中已经被其他垃圾污染了。可能很多朋友都见过外形酷似熊猫的废旧衣物回收箱，在上海和杭州等城市很普遍。

我敢保证，回收箱不属于任何一个公益组织，甚至谁有权力从这里回收废旧衣物也是一个悬而未决的问题。可以看到，很多服装回收商竟然会为了谁能从物业得到这些废旧衣物而大打出手。其实，有很多用户会把垃圾也投放在"熊猫肚子"里，当"熊猫"被装满的时候可能衣服就被随意地堆放在地上，这样二手服装在源头上就已经被污染了。

第二个痛点是无法对回收的服装进行精细化的分拣。据我所知，国内一般的服装回收处理厂环境都很简陋，甚至直接在土地上进行分拣。而分拣过程就是工人简单地对服装进行聚类，分类标准也只是材质或者厚度等。基于这种分拣方式，一件纯棉的优衣库风衣和一件纯棉的 Burberry 风衣，它们的价值便是相同的，并不能产生更好的产值。因为分拣得过于粗糙，所以一些质量好的二手服装也无法投放给消费者。这就导致目前整个二手服装市场的变现路径很长，很难实现本地市场自行消化。

那么这些二手服装都流向了哪里呢？相信大家也在一些文章里看到过非洲朋友穿印有汉字的服装的照片，其实那些服装就是以工业废料的名义从中国运过去的二手服装。本来应该实现比较高的产值和环保价值的一个行业，竟然是以这样的灰色渠道去经营的。这样的渠道创造的产值大概为一吨牛仔衣 2000 元、一吨夏衣 3000 元，折算成件就是一件衣服1～2 元。

如此低的产值，导致了没有利润再投入这个行业的创新当中，因为没有创新，所以行业一直处在苟延残喘的状态中。**大家都干着很脏、很累的活，但是并没有创造相应的价值。**

多抓鱼提供了看起来很简单的模式来解决这个问题，就是将用户手中的闲置衣物付费回收后清洗消毒，完成翻新后上架售卖。但是这个简单的模式首先要实现国内的内循环，

135

如果你想在国内的市场把服装卖出去，就要解决刚才所说的几个问题。

首先，不能让用户付出比下楼丢垃圾更高的成本。日本的二手服装市场渗透率高，其中有一个原因就是日本丢垃圾的成本很高。如果没有在每个月固定的时间赶上回收垃圾的垃圾车，你就不得不把垃圾放在家里囤一个月；如果你随便乱丢垃圾，就要支付高昂的垃圾处理费。因此，发达国家有很多用户更愿意把这些"垃圾"送到环保机构或者回收商店去处理。反观中国即便随便乱丢垃圾，也不会招来罚单。

用户其实都是比较懒的，如果处理成本比下楼成本更高的话，他就没有那么强的动力让服装能够很好地被回收。因此，我们希望做到能够让用户甚至不需要拍照，只需要点点手机屏幕就可以把衣服卖给我们，但前提是我们必须清楚一件衣服的一手价值。

通过半年之内对几千个品牌在一手市场上交易记录的抓取，我们发现看起来琳琅满目的定价，其实只围绕三个因素：品牌、类目、面料。例如，一件 Zara 的羊毛大衣，虽然款式会有诸多不同，但只要这三个因素是相同的，它的原价波动就会控制在一个非常小的范围内。于是我们通过对这三个要素的抓取，计算历史交易价格中位数就确定了一件衣服对应的一手市场的价值。

在多抓鱼卖衣服，用户甚至不需要把衣服拿出来，只需要记得要卖的衣服的品牌，选择类目和面料，之后就会出现价格。用户只要选择一个方便的时间，多抓鱼就会派快递上门把衣服取走，就是这么简单。用户全程并不需要拍照，也不需要下楼，比丢垃圾还方便，同时还能获得一定的收益。我想这个体验对于用户来说应该是非常友好的。

因为多抓鱼是从用户手中一件一件地收集服装，所以可以做到非常准确的单件信息确认和单件分拣。所有处理好的服装都将有固定的唯一包装，对应着唯一的码，整个出库流程就可以做到和新衣服一样的标准化，大幅提高了规范性。

其次，服装毕竟是一门时尚生意，如果你做时尚生意的话，就要有效地去甄别流行和过时。由于我们抓的是一手市场的价格，可是到二手市场之前是有周期的。一件衣服如果在我们收到它的时候，款式不再流行，还在用原来的价格去确定它的价值的话，那就一定会亏本。那么，如何区别一件衣服的时髦程度呢？

每件衣服到达多抓鱼之后，我们都会进行多达 70 多个字段的记录。不但包括传统互联网公司会有的一些线上浏览、单击数据、到货提醒，还有线下数据及这件衣服诸多的测量值，如它的尺码、松紧度。通过对这些字段的采集，无论利用数据统计还是机器学习的方式，都可以有效地判断一件衣服的售出概率。

基于售出概率，定价就变得非常简单，售出概率高的衣服就可以以高一点儿的折扣回收；售出概率低的衣服就可以以很低的折扣回收，甚至不回收。

通过分析这些数据我们发现，使用一个功效可以得知市场上的一些流行趋势。有些品牌的市场份额虽然不高，但其服装在多抓鱼上一上架就会被秒抢。我们基于后台的数据进行研究后发现，这些品牌都是最近年轻人非常喜欢的一些设计师品牌。除了这些小众品牌，大众品牌又有什么样的趋势呢？我们发现大众时装市场其实已经没有增量了，但是功能性服装的市场增量非常快，导致现在占据市场份额的主流品牌基本上都是功能性服装。

第三个痛点是我们需要用低成本让二手服装焕发魅力。一般的淘宝店卖新衣服主要基于爆款逻辑——你拍一套图片可能卖出上千甚至上万件衣服，展示成本其实是比较低的。但二手服装有一个特性，就是一款只有一件，如果每件都非常用力地拍，成本是很难承受的；但如果拍得不好，又会导致衣服在线上很难卖出去。

线下店当然很简单，只要把衣服挂出来，大家看到它质量不错就会去试穿，可是线上则不同，本质上大家买的是图片呈现效果。那么多抓鱼如何去控制产出二手服装的图片的成本呢？**我们的设计师、硬件工程师和软件工程师一起给出了答案——一个实现了从拍照、抠图、修图、调光、调色到上传的一体机。**

　　首先机器会生成一些网格线，工人只需要把衣服摆在上面，机器就开始自动地拍摄、抠图。拍摄完成后，机器会根据参数自动设置曝光和白平衡，并进行修图和细节修正。整个过程甚至是不需要上传的，因为每件衣服都对应着唯一码，而这个唯一码对应的所有物理信息已经记录在案了，所以拍照完成就意味着展示页面也已生成。

　　我们做了一个统计，通过自动化拍摄上架，多抓鱼的一吨服装可以卖 **25 万～50 万元人民币**，相当于将原先的回收模式的产能提升了 **10000%～20000%**。

　　商务部部长王文涛此前到我们上海的店来参观，他说这个模式之前在国内没有见过。以前的主要模式就是出口到非洲，国家也一直在探讨纺织业怎么能进行国内的二次循环，他认为这个模式非常不错。当时我有些受宠若惊，我回答他说，我们还是一个非常小的店，还不能说对行业有什么真正的突破。部长说不要急，好的模式都是从很小做起来的。我听后觉得很受激励，希望如此吧！

多抓鱼做的很多事情都是这样，看起来出了很多的大力，但都是一些很小的市场。为什么我们专挑这些很难做的小市场来做，**因为多抓鱼的价值观就是"尊重个体、生态友好"。**我们想做一些在创造利润的同时，对整个社会环境、生态环境和用户体验都有利的生意，而不是只赚利润，把外部成本留给社会和自然。

尊重个体是多抓鱼推崇的一种朴素的生活幸福观。我们觉得每个人要实现自我觉醒，首先要重视个人真心的选择，从消费的等级序列中将自我解放出来，不再为了身份符号去进行消费，而是选择自我所需，这样社会才能有更多样化的幸福。

也许是因为多抓鱼一直在秉持这种比较强烈的理念，所以我们虽然没有做一个社区，但是所有用户看起来就像因为价值理念而凝结在一起的共同体。

2022年，我们在北京三里屯做了一场二手市集，现场摩肩接踵，突然有几个人从人群中走出来，开始一场快闪合唱，结果全场的用户都参与了这场大合唱。大家唱的是"让我们红尘做伴，活得潇潇洒洒"，现场的我们都被感染了。这种陌生人之间因为一个理念而产生的依赖和连接，在疫情之后其实已经很少见了，我想这就是做多抓鱼能带给我们的幸福。

　　做多抓鱼的过程，其实有很强的解难题的快乐和创造意义的快乐，有双重的幸福感。虽然这个过程的确没有让我赚到什么钱，不过我想，反正赚钱也是为了快乐，既然现在就可以快乐，不如大家就原地快乐着，谢谢大家。

第十二讲　元宇宙、时空互联网与未来栖息地

元宇宙概念的火热吸引了许多人才，很多资金流向这个领域，也取得了一些局部成果。虽然目前还没有一个项目能反映未来数字生活空间的全貌，但它们所包含的特征已经揭示了元宇宙未来发展的线索。

在我们迎接更大的变化之前，我们需要思考更多：驱动它到来的内在原因是什么？我们将从何种途径来实现它？届时会产生什么样新的商业格局和生活形态？

主持人：

徐思彦，腾讯研究院高级研究员

嘉　宾：

何　展，中国区 Omniverse 负责人

吴显坤，RCT.ai 联合创世人

宋　婷，NFT 艺术家

王乐庆，腾讯至信链负责人

时空互联网的前世今生

• • •

徐思彦： 首先请各位嘉宾结合自己所从事的领域，展望一下当下和未来有哪些关联？

宋　婷： 我从 2019 年 1 月开始推进区块链艺术的研究。通过这几年的实践和创作经历，我觉得信息爆炸时代带来的不是人和人性价值的淹没，而是人和人性价值的凸显。

我觉得艺术恰恰是关于人心与人心之间的连接的。在我家里有来自艺术家们创作的实体艺术品，在我的数字钱包里也有来自 20 多个国家或地区的创作者的数字艺术品，它们都很珍贵，对我个人来说都是"真实"的。

我认为数字方式让我们的心变得更近，而非变得更远。如果有艺术元宇宙到来的一天，它其实可能不关乎非常先进的、能够对标现实世界进行高强度模拟的渲染技术；而更关乎人跟人之间的真实的连接。因此，我希望未来在元宇宙里，能够诞生更多人与人之间心灵的真实连接。这可能是我们能够拥有一个更好、更美的元宇宙的必经之路。

徐思彦： 过去几年，特别是从人工智能爆发以来产生了很多争论，主要是说以后强人工智能会不会对人类产生威胁。但是在元宇宙发展的过程中，有一个议题慢慢浮现出来了，就是把人自身的创造力更好地挖掘出来。其实很多东西并不是关注纯技术方面如何演进，而是更多地关注怎样用技术来挖掘人本身的创造力。

何　展：2021 年发生了非常多有趣的事，大家都在炒"元宇宙"，它成为一个热词。在我看来，这首先是一个质变的结果，质变实际上是由量变产生的。我们看到很多技术在同一个时间段集中爆发，不但爆发而且还融合在一起。

我想给大家举两个例子。第一个例子是，我在 2019 年负责中国区的计算机视觉的业务，简单地说该业务就是让真实世界中的物体看起来更逼真，央视、皮克斯、迪士尼都在用我们的技术。2018 年，我们又提出了实时光线追踪，所以在那之后，在数字世界里创造的一些资产也好、物品也好，会更加逼真。

第二个例子就是刚才提到的 AI、机器学习、深度学习，其实也是在差不多的时间段获得非常迅速的发展。如果把这些技术融合在一起，我们就有了新的想象空间。比如，前一段时间的虚拟拍摄、数字人，它们创作的过程会越来越逼真、越来越快，这就是技术融合的结果。

吴显昆：谈到对未来的展望，大家印象比较深刻的可能是电影《头号玩家》。这部电影给我们描绘的场景是在未来的世界中，玩家可以通过佩戴具有沉浸效果的 VR 眼镜进行体验和互动。

2021 年有一部电影叫《失控玩家》，从另一个角度去展望这个世界可能会具备另一个特征，里面所有的 NPC（游戏中不受真人玩家操纵的游戏角色）都是智能的，它们会根据你的输入进行动态反馈，而不是说你戴上了

VR 眼镜之后，所有的 NPC 还是按照之前写好的程序；简单、重复、机械地跟你互动。在这样一个智能互动场景下，会让人们觉得虽然生活在一个虚拟世界里，但是这个世界很生动，可以长时间沉浸。

我们关注的事情主要是以下三个方面：第一是 AIGC；第二是 DAO；第三是 Cloud。我今天主要讲一讲 AIGC（利用 AI 技术自动生成内容的生产方式）。刚才何展老师讲得非常好，只有创造一个既能超大规模同时在线又能保护用户的隐私和数据所有权的地方，还要有近乎无限的内容供给，大家才能在虚拟世界中有足够的内容去消费，并且停留在这个世界。

用 AI 帮助人类创造内容是不可避免的一个趋势，但它不是要代替人类的创造力，而是主要在两方面发挥作用：一是图像层面的内容创建，即用 AI 去渲染、生成图像，给虚拟世界中的人们带来更多内容供给；二是在逻辑上的交互，像如何与用户互动、在游戏方面如何与用户对战、如何与用户共同完成任务等。如果虚拟世界中有可能实现 5 倍、10 倍、100 倍于人类数量的虚拟人存在，那么我们生活在虚拟世界中的丰富度还会进一步提升。

同时，因为虚拟人不能够迁移到现实世界，而且虚拟世界的丰富度可能在某些方面比现实世界还要高，所以 RCT.ai 就在做这样一件事情——让虚拟世界中的虚拟人或者游戏里的 NPC 更加智能，能够与用户对话，或者与用户发生剧情、对战、完成任务等。用户在虚拟世界中与虚拟人有更好的互动，就会拥有更好的内容消费体验，并留存在虚拟世界中。除了为游戏公司或者一些虚拟空间的制造方提供这些 AI solution，我们也跟很多虚拟偶像厂商合作，为他们优化虚拟内容和逻辑上的交互。

王乐庆： 我觉得线上的 4 位所代表的就是整个元宇宙的核心组成部分，最上层是宋婷这一块，他们通过 Crypto 和 AI 来实现技术与艺术的融合，面向广大用户去表达区块链的精神。

再往下是吴显昆这一层，他做的是元宇宙前端的内容生产。再往下是我这一层——也就是区块链——我们所说的元宇宙的价值传输层，用来实现用户的隐私保护和资产确权、流转。再往下就是何展老师的技术支撑层，里面有算力，有 VR、AR、MR、XR 等技术，我觉得这就是一个统一的元宇宙体系。

我们在做的事情，其最核心的逻辑就是推动 Web 2.0 向 Web 3.0 过渡，腾讯的生态有很多应用已经接入至信链，区块链让信息变成了资产，让很多用户拿到了人生的第一个数字资产。2022 年公司司庆的时候，我们向 7 万名同事发送了第一个基于至信链的企鹅数字头像，大家领到了这样一个数字资产后都十分震撼。

如果在一个司庆活动中，我们仅仅送给用户一张图片，其实是没有意义的，因为它不是一个资产，而是一个信息，信息可以被篡改、被复制，它没有权属。但是当信息基于区块链变成了一个资产时，大家可以相互赠送，可以拥有它、处置它，这个感知度就立即提升了。

大家不会再问我们什么是 NFT，什么是区块链，而是直接推动各自的业务去结合区块链、结合数字藏品，所以 NFT 第一次让大家有了对区块链的具体感知。这就是我们在做的事情——信息互联网向价值互联网过渡的一个连接。

徐思彦： 大家刚开始接触元宇宙的时候，更多的还是从直观的感受出发。比如，参照《头号玩家》电影来讨论我们怎样才能有一个虚拟的、沉浸式的世界。而到了下半年，由于 NFT 市场持续火热，引出了 Web 3.0 的议题。"Web 3.0"这一名称可能会产生一点儿误导，让大家觉得"3"是对于 "2"的一种进化，但事实上，Web 3.0 就是加了区块链的互联网。请问各位怎么看 Web 3.0 跟元宇宙之间的关系呢？

王乐庆： 我们经常谈元宇宙，其实元宇宙离我们还是比较远的，我觉得要实现《头号玩家》中的类似场景，还需要 15 年或 20 年的时间，这也是乐观估计，但是 Web 3.0 是近在眼前的，我觉得 Web 3.0 更多的是指未来互联网的价值传输层。

其实我觉得可以将 Web 1.0 和 Web 2.0 合并在一起，统称为 "信息互联网"。但是，到 Web 3.0 时发生了巨大的变化。也就是说，以前我们对信息实现了可编程之后，信息的传播成本变得非常低，边际成本趋于零。到了 Web 3.0 阶段，我们发现，Web 3.0 的核心应用？可能是以太坊；以太坊上 "跑"的全是资产。在 Web 1.0、Web 2.0 阶段，我们解决了信息传递的问题，现在开始解决资产传递及流转的问题，Web 3.0 的核心就是面向资产实现可编程的逻辑。

为什么我们说数字藏品不再是一个信息，而是一个资产，这是 Web 3.0 的核心变化。一切在数字世界生产的东西都是资产，我们要对其确权，实现交易流转。

关于 Web 3.0 和元宇宙的关系问题，我觉得是先有 Web 3.0 后有元宇宙，Web 3.0 是顶着 Web 2.0 这样一个前端的元宇宙，或者说 Web 3.0 是一个非沉浸式的元宇宙。有了 Web 3.0，再等 VR、AR 成熟后，将它们融合在一起，自然而然就变成了一个元宇宙。

徐思彦：很多没有接触过这个领域的同学也许会有疑问，数字内容明明是可以复制的，为什么它会有一个定价？背后的原因是，在互联网发展了近 20 年的时间里，诞生了非常多的数字原生内容，而这些数字原生内容以前是未被定价的。即使它被定价，也是借助某种平台，如音乐平台，音乐人可以在平台上上架单曲（但是有一个前提，就是你得是一个小有名气的音乐人或者歌手），用户可以在平台上购买数字专辑。

从互联网发展的角度看，Web 2.0 给所有人提供了创作权。在 Web 1.0 阶段，用户只有一个可以看的互联网。到了 Web 2.0 阶段，每个人都可以通过创建自己的账号，拥有在互联网上创作的权利。到了 Web 3.0 阶段，用户甚至可以对自己创作的内容进行确权。

这也是未来我们构建元宇宙不可或缺的部分，因为我们不仅需要一个 PGC 的元宇宙，更需要去挖掘互联网原生的力量。

时空互联网的价值创造与路径选择

· · ·

徐思彦：作为一个艺术家，怎样去理解整个 NFT 行业的发展及其与 Web 3.0、元宇宙之间的关系？

宋　婷：其实在某种程度上，我算是行走的全球加密艺术和 NFT 发展的"活化石"。2021 年春天，全球最大的一次 Metaverse 上的加密艺术展览——CAWA，是由新加坡等几个东南亚国家的志愿者发起的一次纯社区参与的、去中心化的展览活动。一个只有三个核心成员的社区策展项目，用了两个月的时间筹备，吸引了全世界超过 500 位加密艺术家自发报名。

自发报名之后，我们选择在 Metaverse 上开启一次作品征集，所有虚拟世界里拥有虚拟空间画廊的人都可以申请成为画廊主，自发地把他喜欢的、认为适合放在虚拟空间上进行展出的艺术家作品陈列出来。在这个过程中，我自己在 Cryptovoxels（一个元宇宙项目平台）上的 Ting Song Museum 展出了一些加密艺术作品。我自带内容策展，自带宣发制作，自带 Metaverse 装修能力。这波展览并行的内容输出让我的 Ting Song Museum 在当月成为当时世界最大的区块链 Metaverse——

Cryptovoxels 上全球新增流量的 2%。

在这个过程中我发现，很多我非常看好的小众艺术家——有来自越南、缅甸的，也有来自土耳其、拉美、澳大利亚的——其实不完全都在以太坊上 Mint（艺术家或收藏家最初在区块链上发行艺术品的行为）自己的作品，很多都选择用 tezos 区块链来存储自己的作品。在那段时间，我大概看了全世界 4 万~5 万件加密艺术品，包括市面上所有平台，有很多艺术创作者的作品令我非常感兴趣。

呼应刚刚徐思彦提到的问题：在从业过程中，我认为 Web 3.0 和 Web 2.0 有哪些不同？我想说在一个全新的 Web 3.0 世界，它为那些其实很有生命力和创新能量的非主流亚文化提供了成长空间。比如，我个人收藏了大量巴西、土耳其和印度尼西亚的加密艺术家的作品，对于这些小众创作者来说，他们的声音、他们的表达、他们的呐喊想被主流社会听到和认可不是一件简单的事情。特别是当他们刚刚觉醒了所谓 "当代艺术" 创作意识并付诸实践后，新冠肺炎疫情的到来让他们没有办法享受优渥的创作和交流环境。

因此，他们的有些作品，哪怕放在当代艺术史的发展上，也能称得上是浓墨重彩的一笔，只不过这些人自发选择了用 NFT 的形式进行存储，这就是 Web 3.0 的魅力。比如，Cryptovoxels 刚兴起时，就有很多国家的小众艺术创作者的身影。他们选择在虚拟空间进行作品展览或者收藏品的展示。因此，我非常希望大家关注那些自发地、原生地、主动地选择了 Web 3.0 的人,把目光放广、放远。

从艺术收藏的角度,我认为任何一个新兴的文化品类都应该让路变得更宽,而不是更窄。如果一个东西的新生,只是旧世界分配规则的映射,那就不是我们追求的那种文化创新。非常推荐大家关注那些名气还没有那么大,而物理世界的环境没有办法给他足够支持的艺术创作者,他们自发选择了 NFT 来存储作品。

徐思彦: 以前可能只能在艺术博物馆、一线城市的大展厅里,由策展人来为你的作品定价,去发现它的价值,而现在是通过互联网自下而上的确权,只要你的作品有生命力,能够得到一部分人的认可,它就可以获得价值的量化,而且这一过程具有天然的全球化属性。大家并不会关心背后的创作者在哪一个城市,更关心他属于哪一个线上社区,跟哪些人有共鸣,建立起了哪一种文化。

从需求侧来看,元宇宙像一种技术赋能的文化浪潮。在这个过程中,技术是非常重要的,因为从古至今,人的创造力一直都有。但正是由于各种技术不断诞生,才把创造的门槛降低。英伟达正在推出一个面向所有创作者的工具平台"Ominiverse"。请何展老师介绍一下 Ominiverse 具体是怎么用技术来推动平台发展的。

何 展: 在分享这个技术如何实现之前,先分享一下我的想法。大家有没有想过,为什么几十年前没有人谈 Web 3.0?或者是 Web 2.0? 为什么没有人去谈《雪崩》里提到的元宇宙？因为那个时候手机的功能还只有通话，到今天数字虚拟人随处可见，甚至出现了各种虚拟的演唱会、各种各样的 AI 应用，VR、AR 眼镜也随处可见，我们才开始有了对未来的畅想。

我们应该很现实地去观察，大家都在聊的元宇宙、Web 3.0、未来的数字世界其实都处在非常初级的阶段。初级阶段可能依据不同行业的需求、企业的需求、用户的需求、人的需求而不一样。

比如，某些行业可能三五年就会真正进入行业元宇宙阶段，或者行业 Web 3.0 阶段。但是有一些行业可能要花 10 年、20 年、30 年甚至 50 年才能真正进入行业元宇宙阶段，如脑机接口。所以不同行业的发展进度可能差距非常大。

最后，我非常同意刚刚宋婷的介绍，不管是什么样的新世界或者新互联网体系，要给更多的人机会。因此，Ominiverse 想做的就是，未来让更多的人参与创建数字世界，并且让参与创建数字世界的门槛降到最低。

我给大家分享一个数据，全球大概有 4100 万个设计师、工程师、艺术家。这些人科班出身，都经过了多年的学习、训练，甚至还有一些人本身具备很好的天赋。可是全球有 70 亿人，除了这 4100 万人，其他人是不是也有权利参与到这个数字世界的创建中来？

从这个问题出发，除了这 4100 万个科班出身的人，其他人要想参与数字世界的创建，需要拥有哪些能力、工具？比如，是否可以通过深度学习与算法工具，让大家仅仅勾勒几笔就能生成完整图画，让大家输入文字后就能创造出想要的图片或者三维世界。

时空互联网的时代机遇

• • •

徐思彦：我们所谓的元宇宙世界的游戏，会跟现在有什么样的区别？

吴显昆：元宇宙中可以有游戏，但是游戏不等于元宇宙。我先从另外一个角度来讲这件事情，我觉得 Web 3.0、元宇宙及区块链，有时候像一个一体三面的结构，指向不同的侧重点。元宇宙指向用户体验层面，Web 3.0 更注重内容连接、人和人之间的互动，区块链注重底层的技术、能力、设施方面的建设。但很重要的一点是，虽然我们是做 AI 技术的，大家也非常清楚我们要做什么样的事情——提升人们的体验，但是我认为，技术不一定能够带来那么大的变化，只有在人们之间的协作方式、需求类型发生变化的时候，技术才会带来较大的变化。

一是经济方面。首先，为什么确权很重要？很多人不理解做确权有什么意义。在游戏里、现实中也可以确权，但有很多权其实是很难明确的，确权成本增加、交易成本增加会导致现实中物品之间换手难度的增加。

如果现在默认我们最有价值的东西在数字世界，那么，所有数据都是高度结构化的，同时完成确权、流转的成本也比较低，这几点加起来就可以有很好的效果。根据经济学上的科斯定理，当产权比较明晰，交易成本也比较低的时候，大家可以达到帕雷托最优的状态。反过来，如果我们执着于确权现实世界的物品，不可避免地会有很高的交易成本，那么帕雷托最优的状态是很难达到的。

二是价值方面。人们的价值体系、需求体系是会发生变化的。比如，以前我觉得穿一件好看的衣服是最重要的，因为这可以让大家觉得我很帅，可以吸引别人的目光。但是现在我的信仰体系发生了变化，有一件事情能够比穿一件衣服，甚至是买一辆跑车，更好地帮我完成这些效果，我会认为更有价值的东西跟之前不一样了。

这个过程的发生可能有两方面的因素，一是生产水平的提高，有些国家、人群的价值体系就会发生一些变化。二是在全球数字化的过程中，存在更有效率的方式去展示自我、塑造自己的需求。比如，我买了跑车，让大家都知道我有跑车并非我在街上开跑车的时候，而是我把跑车的照片发在微信朋友圈的时候。显然，数字世界更有利于彰显和塑造我的个人 IP，如果是全数字世界，可能从效率上看会更高。

未来，我们可能会逐渐过渡到这样一个阶段，我们都生活在一个数字世界中，当然吃喝拉撒睡还在现实生活中。有的反对者会认为，在元宇宙里就不用吃喝拉撒睡了吗？当然还是要吃喝拉撒睡。两者之间并不对立，有些在现实生活中做的事情还是得做，但是人们对于塑造自我、去找到自己在社会中位置的诉求会越来越强烈。定义你是个什么样的人，你和其他人的关系是什么，这个诉求会越来越强烈。这件事在数字世界中会做得更好，也会更有效率，它能给你更好的保障，因为你会真正地、很认真地把它当成资产和财产的一部分。

接下来我们可能就会把自己生活的重心越来越向这个范式去转移，一旦往里面投入，相关的价值信仰系统就会发生变化，同时它又存在刚才提及的明晰确权、低流转成本等特点，我们可以得到比之前在现实生活中帕雷托最优还要高一个层次的状态。

回到建设这件事情上，现在肯定是先从游戏或者是 VR Space 开始，让大家先有一个模糊的感受，一点一滴地把很多东西联系在一起。今天，大家也许会说，NFT 不就是几张图片，有什么用？艺术品的鉴赏就不评价了，但是对于行业的从业者来说，它是逐渐发生了一些变化的。

举个例子，我有一个数字商品的时候，很容易把它变成游戏当中的一个道具，这是游戏的经济体系、金融体系。如果我拿着一个道具在很多游戏中使用，并且能够获得收入，这个 NFT 就可能会有升息或者变成生产工具，它就会在你的价值体系里产生效用。

总的来说，从效率上、从人们的信仰上，我们可以确定如何去使用 NFT，如何在把这个技术设施搭建得更完整的过程中，让它变得更有用。

徐思彦：吴显昆刚刚也回答了一个对于元宇宙的常见质疑，是星辰大海派还是虚拟时空派。可能有许多人会问，你都生活在虚拟世界了，还怎么样去探索星辰大海？在他的观点里面，其实元宇宙跟现实世界根本不冲突，你在现实世界可以感受的体验其实是不会变的，只是你在一个新的世界里去创造一个增量。这个增量是来自我们的生产力提升以后，对精神世界的需求。

在新的领域里它有两个特点，其一，身份重建，基于你的数字关系，在数字世界里创造一个新的身份系统。其二，我们的效率更高，由于在数字世界的摩擦会越来越小，价值交换流转越来越方便，以及它天生是全球化的，所以会带来一个更加有意思的世界，我们应该更多地去探索这个世界，而不是把这个世界与我们的现实生活对立起来。

王乐庆：我更愿意从技术的角度来讲一下。谈到元宇宙，大家很多时候会专注于终点，脑海里通常浮现的是像电影《头号玩家》《失控玩家》中的世界。但其实我们并不是一步到终点的，中间有很多过程，这个过程来自大量新技术的催化、成熟，如5G、6G这类通信技术，各种显示技术，大算力的云计算技术等。

之前有本书上说，人类的整体发展就是两条线，一条线是能量线，另一条线是信息线。在能量线上，我们从发明火，到发明蒸汽机、内燃机、原子弹；在信息线上，我们发明了文字，发明了纸，发明了通信，发明了网络。元宇宙其实是信息线上的，元宇宙不是一个应用，元宇宙是人类的下一代网络。我们点亮信息线上的科技树，本质上还是在加强人类的信息沟通效率，我们从原来的写邮件到现在的视频会议，下一步，我们会拥有更快的信息协同方式，这同样会极大地提高社会生产力。

这条科技树在不断发展，它的终局在哪里呢？我认为会是意念交流。在科技树高度发达的时候，我和各位可能不需要用口头表达这种低效的信息交互方式，而是借助一些科技实现超高速、超完善的交互表达，可能是类似于三体人一样的交流方式，只要有一个念头大家就能充分知晓，那会让我们整个人类的沟通和协作变得非常高效。这本质上又会助推我们对星辰大海的探索，没有哪种技术是孤立的，元宇宙的发展过程会带来大量的新技术，会帮助我们更好地实现对星辰大海的探索。

因此，大家不必把目光完全聚焦于元宇宙实现后的这一场景，也要关注元宇宙形成的过程，过程中有很多技术是要进步和成熟的，这些新技术能够更好地助力我们去拓展星辰大海。因为信息科技的发展是无法彻底解决资源能量这条线的问题的，所以资源能量这条线的发展是不会停滞的，这是我的观点。

徐思彦：有人说元宇宙是一个灯塔，在往终极方向发展的途径中，可以诞生出很多衍生的技术，这些技术可以把它的效率转化到其他领域、其他行业。

何　展：今天咱们的主题是科技向善，我特别欣赏这个主题，不管未来的科学技术发展到什么程度，一定会出现一些平台，或者一些新型的互联网，是服务于我们的需求的。我认为，未来我想看到的世界，应该是一个和谐、共生的世界，每个人不管对现实世界的需求，还是对虚拟世界的需求，都不能沉迷其中而无法自拔。

徐思彦： 在元宇宙里会诞生哪些新的领域和商业模式？

吴显昆： 我们之前在交易的时候有三种情况，个人对个人、个人对公司、公司对公司。由于产权的确认成本和交易达成的成本比较高，一些交易方式在现实生活中并不具有可行性，但在 Web 3.0 场景下，可能会出现一些新的交易模式。

举个例子，在现实生活中，我想去溜冰，我需要去买溜冰鞋，找溜冰场，还要给溜冰场付一笔钱来获得入场的权力。而在 Web 3.0 场景下，如果有 1 万个爱溜冰的人集资，将钱放到一个大的资金池，谁来给我们制造这个鞋，我们就可以把钱分给谁一部分；谁来给我们制造溜冰场，根据我们去溜冰场的次数和时间的消耗总数，动态地给谁分钱；等等。

这就跟现实生活中的商业模式不一样了。因为在虚拟世界中，人和人之间的组织成本不一样，人和人之间传递价值的效率也不一样。同理，基于区块链 Web 3.0 游戏的商业模式也跟 Web 2.0 的不完全相同。

传统的游戏商业模式大多是从 C 端的用户获得收入，无论是卖点卡还是卖游戏道具，还是用别的方式。但在 Web 3.0 场景下，一个游戏可以从多个 NFT 的项目的集资池中获得多种现金流的收入。举个例子，很多项目方发行 NFT 的时候没有具体的使用场景，但他们在出售这些图片的时候获得了巨额的财富。本质上所有人把这么多钱一次性交付给你，是让你搭建 NFT 背后的完整的数据库或者完整的使用场景。无论你是跟第一方，还是跟第三方来合作去搭建，实际上都是用开发资金或者众筹的投资去搭建这些东西。

王乐庆：我觉得这个例子特别好。其实这里也要再说一下，我们究竟在做什么事情，或者本质上区块链在做什么事情。还是回到那个话题——可编程。信息互联网的本质就是对信息进行了可编程，可以想象一下我们现在的交流，本质上就是对视频信息这个对象实现了可编程，低成本处理视频的生成和分发。类似的内容分发平台，也是对信息对象进行了编程，实现了分发、处理。

刚刚吴显昆说的这些场景，本质上只有一个点，就是对价值或者对资产实现可编程。可编程也就意味着，开发者可以定义一套规则，对某个资产实现按规则的控制和分发，这就是价值互联网的核心。

大家可能听过一个国外的 NFT 项目——无聊的猿猴（BAYC）。4 个初出茅庐的大学生，居然可以在一年时间内就创造了销售额 10 亿美元的数字文创项目，为什么我们中国人不行，为什么中国没有这样的基础土壤？因为中国没有一个易用的、合规的区块链底层平台。底层的基础设施都没有，谈何上层应用呢？

BAYC 的成功基于国外以太坊的整个基础设施，基于 Opensea（一个 NFT 交易平台）成熟的二级市场机制，基于 Web 3.0 的易用的服务能力。这也是至信链希望做成的事情，我们正在打造一套中国特色的区块链底层平台，来为更多有创意、有想法的团队和个人服务，我们希望未来可以在底层技术基础上诞生大量的类似 BAYC 的项目。

目前，我们希望把已经接入的大量应用如 QQ 音乐、幻核、小红书、阅文、腾讯视频、游戏等串联起来，让数字藏品资产可以实现跨应用流转，真正让资产归属于用户，让数据归属于用户，这是我们在做的事情。

同时，这是一条艰难的路。至信链从 2018 年开始建设，虽然过程还是多有波折，但好在目前已取得了一些成果，已经有很多应用陆续接入，落地了很多合规的数字藏品业务场景，我们也正在形成一些价值互联网的小闭环和生态。

价值互联网的未来一定会非常绚丽，具体会有何种精彩的场景落地下来，是无法想象的。我们希望在合规框架下实现中国自己的价值互联网，它不同于国外无监管的 Web 3.0，我们会有特色的属于自己的价值互联网，因为我们有大量的用户、大量的应用，完全可以支撑起一个繁荣的价值生态。

徐思彦： 对于 Web 3.0 探索者来说，应该为这个未来的数字世界做哪些准备呢？

宋　婷：一件艺术品之所以"好"，是因为它的"灵魂"，它来自创作者不可替代的经历与生命，这个东西不会发生改变。所以 NFT 艺术家在全球范围内不会越来越少，只会越来越多。我非常鼓励对技术理想主义有追求的关注者，尤其是艺术藏家，他们打开心扉，接受这一新型艺术品类，做更多围绕工程创新和"善"展开的有趣尝试。

在很多我们看不到的角落，是这些人主动选择了 Web 3.0 和 NFT。他们是自发的，他们是这个真实世界的"大多数"。就像显昆所说，Metaverse 原生的很多东西都在发生，而如果我们有一天拥有 Metaverse 上的"画廊"，它一定是在技术专精的分工里面为整个 Metaverse 大生产创造更多的价值，而非只凭信息壁垒赚钱。信息壁垒在数字世界不可以称为一个非常可靠的商业模式。

如果大家想体验、参与到 Web 3.0 和 Metaverse 世界中来，可以从去 Metaverse 上逛一些精选的数字原生的"画廊"与"商场"开始。

何　展：国务院发布的"十四五"数字经济发展规划，里面提到，2025 年数字经济核心产业增加值占 GDP 比重预计将达到 10%。我们假定按照现在的增长速度，GDP 是 130 万亿元，数字经济占比 10%，就是 13 万亿元的规模，年复合增长率达到 11% 左右。

关于个人如何去参与，我觉得大家都不要再迟疑了，如果想做，就去做。浪潮已经来了，而且规划里写了沉浸式的体验、虚实结合、社交、娱乐等一系列非常清楚的定义。大家可以大胆发挥自己的创造力，参与到这个数字经济浪潮中。

吴显昆： 个人用户在这个过程中，最重要的是，你觉得玩什么样的东西能让你严肃地对待这个事情，在这个过程中会觉得数字世界是一个很严肃的事情，你可以建立一套对于世界的新的价值体系，当然需要小心谨慎一点儿。

徐思彦： 我们从 Web 2.0 到 Web 3.0 的转换中需要关注的不仅是产品需求和功能，还要进入一个像项飙老师说的"市场型社会"，会有越来越多的行为被定价，我们才会在虚拟的、原生的数字世界里找到新的价值。

可能在进入的初期，一定会伴随着泡沫，这跟每一次新的科技浪潮、每一个新的行业诞生的时候都是一样的。相信随着数字世界的不断丰富和完善，会有越来越多有价值的东西被挖掘出来。

今天我们从不同的角度分享了关于元宇宙的观点。我们去构建这个世界，更多的也是去构建世界的底层规则，以及底线在哪里，这也是我们探索时空互联网的目标。希望能带来不一样的视角和观察。

第十三讲　数字内容与科技的"互启共荣"

数字内容产业作为数字技术和文化产业相结合的领域，一直是科技重要的落地场景和"试验田"。近年来，"虚实共生""超级数字场景"等话题进一步将数字内容和未来科技的发展联系在一起。如何理解数字内容与科技之间的关系，把握数字内容领域的技术创新和应用趋势，成为备受行业关注的焦点。

过去，数字内容与科技的关系以"科技促进文化"为主导，近年来，数字内容产业的科技属性已显著增强，并以产业自身的发展需求反向驱动科技的创新。数字内容和科技互相启发、互相促进，已经是重要的行业趋势。

未来，数字内容产业如何在助力实体行业转型、科技研发、文化遗产传承等方面贡献技术能力？文化与科技的"双向驱动"是否会加速造就虚实共生、虚实共荣的社会？

主持人：

　　陈　孟，腾讯研究院高级研究员

嘉　宾：

　　金小刚，浙江大学计算机科学与技术学院教授

　　郭诗辉，厦门大学信息学院副教授

周　逵，中国传媒大学新闻传播学部副教授

卓居超，腾讯 TEG 游戏 AI 接入中心副总监

王烨鑫，腾讯 PCG AI 技术中心副总监

杨　光，腾讯王者 AI 应用副总监

王朝阳，腾讯 SSV 数字文化首席架构师

内容与科技相互驱动已成为重要行业趋势

. . .

陈　孟：近年来，前沿科技不断推动数字内容产业创新与进化。其中，AI 技术在数字内容产业得到了广泛应用，推动数字内容向更具有交互性、智能化的方向演进。在网络视频行业中，AI 有哪些典型的应用实践？

王烨鑫：就整体而言，在网络视频领域，AI 技术的应用已经渗透进内容生产、审核、分发、消费、版权保护等各个环节，包括完善视频内容生态、创造更智能化的商业模式及助力视频版权的保护等，有力地推动了行业的生产传播效率与健康发展。

其中，在视频内容创作上游，AI 技术的应用已经十分广泛。在创意阶段，AI 可以辅助智能选角、IP 评估等一系列决策；在生产阶段，AI 可以助力视频的智能化生产与剪辑，提高产出效能。腾讯视频利用 AI 生产的视频已经在很多场景落地，腾讯视频"精选页""放映厅"

等栏目中的视频，很多都是由机器自动生成的。在内容审核阶段，AI还能支持内容的排重、版权检测、深度伪造检测等功能。

同时，内容版权保护也是AI在视频行业重要的应用场景。近年来，盗版造成的损失和版权纠纷已经成为网络视频平台共同面对的痛点。因此，行业迫切需要建立智能化的版权保护平台，帮助各个平台确保自身内容的规范性，同时保护平台自身的利益不受侵害，维护行业内容生态的健康有序。

在网络视频行业侵权问题频发的背景下，我们团队借助AI技术，主要通过数字水印和指纹比对来帮助解决视频内容侵权的问题。

其中，一个比较关键的技术是数字水印。数字水印能够将一些信息直接嵌入视频，这个信息是不被用户感知的，只有通过专门的检测工具才能检测出来。当版权内容被盗取之后，我们可以通过数字水印的技术进行定位，追溯到具体的人身上。同时，内容生产传播链路中有一些不那么安全的环节存在，可能会导致数据泄露，这种情况下如果通过水印定位到数据泄露的源头，就可以及时进行修复和补救。在很多诉讼中，使用数字水印的信息可以避免一些纠纷。

另一个比较关键的技术是指纹比对。当前，一些影视剧和综艺节目在平台开播后，经常会遭遇被剪辑成CP短视频的情况，如果这种使用是未经授权的，我们如何识别和确认这些内容确实是来自我们平台的,并且确实侵犯了版权?这就需要用到指纹比对技术,我们可以从内容维度进行比对,确认画面是否是来自我们平台的内容。这当中会遇到很多复杂的情况,比如,一些短视频对原片内容做了很大幅度的裁剪和修改,不仅需要识别出其内容是否真的来自我们的平台,还要识别具体的时间点,因为我们需要根据时长来判定它是否达到侵权的标准。

目前,我们在公司内部搭建了指纹中台系统,不仅用来支持侵权比对,还具有内容排重、原创检测等功能。我们会对所有视频提取指纹,然后做相似性的比对、持续分析,以判断视频的相似度。现在侵权比对的准确率已经达到 99.5% 以上,而且库存特征已经达到千亿和万亿规模,能够支持的检索量也很大。因此,这套系统保证了我们能够高效地进行内容版权的保护,在维护行业生态和创作者权益方面发挥了重要作用。

陈　孟: 王韩阳老师谈到的 AI 在视频行业的丰富应用,体现了 AI 对于促进数字内容智能化、工业化的巨大作用。反过来,数字内容也已经成为很多新兴技术的"试验场",这也是内容与科技互相驱动的典型表现。在游戏领域,AI 技术和游戏之间是怎样的一种互动关系?

卓居超: 非常同意"试验场"这个比喻。其实,游戏行业受益于 AI 技术的同时,也作为助力科技研究的一个"试验场",推动着 AI 技术的研发创新。长久以来,利用游戏作为虚拟环境研究 AI,是国内外业界都在进行的实践。我们知道,AI 的研究涉及许多智能体协作与对抗的问题,在我们的游戏场景中，需要 AI 从策略规划、英雄选择、技能应用、路径探索及团队协作等方面进行大量的、不间断的、即时的选择，这恰恰为 AI 的研究提供了一个"完美的场景"。

我们在研究过程中往往会遇到很多挑战，如缺少场景、数据、算法和算力的支持等。因此，我们通过"开悟"这样一个开放研究的平台，帮助大家解决这些困难和痛点，更好地进行研究。"开悟"平台提供了一个活跃度、挑战性都比较高的游戏环境，同时也是一个性能强大、稳定的"试验场"，非常适合研究多智能体、复杂决策等前沿问题。

依托于"开悟"平台，腾讯陆续开发出了"绝艺""绝悟"等基于游戏和社交场景的 AI 产品，并且也在实践中得到了良好效果。2017 年 3 月，"绝艺" AI 曾经获得世界计算机围棋大赛的冠军，如今，经过优化的"绝艺"已经被中国围棋国家队作为陪练软件使用。

我们也在科研领域投入了大量研究，以"AI+游戏"为切入点，推动人工智能技术的融合创新。在利用游戏进行 AI 研究的同时，我们把在开发"绝艺""绝悟"过程中沉淀的一些基础模型开放给了高校、科研院所等机构，希望有更多优秀人才能够参与进来，共同研究关于多智能体决策的前沿性问题，取得更多的研究成果，同时这些研究成果又能够反哺行业、转化为落地应用，从而推动整个数字内容行业的发展。

未来，我们会继续优化"开悟"平台，通过持续迭代，尝试在游戏场景之外找到更多虚实结合的场景为 AI 研究发挥作用，把科学研究和产业应用能够结合起来，沉淀出更多创新的算法。

数字内容或将加速现实与虚拟世界的融合

· · ·

陈　孟：自 2021 年以来，虚实共生成为行业一个热点话题。数字内容产业的技术创新，也成为虚拟与现实融合的重要路径。其中，VR 被认为是未来虚实共生场景的重要入口。从当前的行业实践来看，VR 领域会有哪些重要的发展趋势？

金小刚：现在我们通常所说的 VR（虚拟现实），实际上涵盖了虚拟现实、增强现实跟混合现实等技术，我们一般也称之为 XR（拓展现实）。

近几年，社会生活的数字化进程提速明显，围绕 XR 的创新和关注也日益增长。XR 正在成为人类感知和体验世界的新途径，物理世界、虚拟世界和社会生活将通过互联网无缝融合，人借助虚拟化身可以在虚拟空间中进行各种活动，这使得 XR 技术在教育、培训、文保、制造、航空航天等行业具备广泛的应用空间。可以预见，未来在这一领域将有几个比较重要的发展趋势。

第一，XR 将进一步推动 Web 3.0 的发展。当前，Web 3.0 是一个较为宽泛的概念，更加身临其境的体验式环境是这个概念重要的组成部分，而 XR 与这一点非常契合。

第二，未来访问虚拟现实所需的硬件会向着更轻便、功能更强大、体验方式更多样的方向发展，这主要依赖于新型人机交互、触觉交互、头盔设备等技术和硬件的进步。硬件将提供更多的功能，比如，HTC VIVE PRO 眼镜可以让人们通过眼球运动控制界面，并通过只渲染眼睛观看的部分降低头盔的功耗。此外，随着触觉反馈技术的进步，人们会在虚拟环境里获得更加真实的反馈体验，目前已经有通过电刺激提供触觉反馈的方案，未来可能会有更便宜、体验更真实的触觉设备。

第三，XR 将在电子商务和零售中创造更加身临其境的购物体验。当前，在在线零售行业，虚拟现实的解决方案已经可以创造极具吸引力的购物体验。未来，结合 XR 的在线零售体验肯定会更加丰富，比如，客户可以通过数字化身进行服装的试穿、珠宝的穿戴，并且可以跟机器人客服进行互动。

第四，基于 5G 技术的云端处理的虚拟现实技术将成为可能，大量数据可以通过 5G 技术在云端绘制，这能够大大降低企业部署 XR 解决方案的门槛。

第五，XR 在教育和培训领域的应用将进一步拓展。除了远程教育，VR 还可以被用于培训和模拟危险情况，如消防演习等，用数字化的方法既可以达到培训的目的，也可以避免真实场景下的危险发生。

第六，GPU、NPU 的发展将会推动 XR 基础设施的变革，创造 XR 在更多行业的应用场景。英伟达公司的 Omniverse 就是为虚拟现实与实时模拟技术打造开发的平台，目前已经应用在宝马汽车的制造工厂中，可以想见未来会有更多行业享受到 XR 的红利。

陈　孟：从这些趋势中可以看出，XR 正在从娱乐行业走向社会生活的多元领域，推动形成更多虚实共生的社会场景。如果未来我们生活在大量的数字场景中，将会怎么样创造自身的生活环境？

郭诗辉：针对这个问题，首先我想引入一个概念，叫作"超级数字场景"。我们熟知的《罗布乐思》《堡垒之夜》等游戏产品，包含了大规模的用户、超精细的数字场景、极丰富的内容。可以看出，游戏正在成为下一个"超级数字场景"，有望更好地连接虚拟与现实、过去与当下、时间与空间。在超级数字场景中如何创作个性化、多样化的内容，如角色、衣服、场景等，已经成为十分具有未来性的重要话题。

想象一下，在虚拟时空里开办一场演唱会，结果所有的用户在其中都撞脸了，这会比在现实世界中撞衫更加不能让用户接受。利用游戏引擎、美术制作工具、程序工具软件等进行虚拟空间建模，把虚拟场景"装修"成用户喜欢的样子，创作不同的角色、衣服、装饰，关系未来超级数字场景里的用户体验。在这一领域，我们团队也进行了一些研究和技术探索。

配色是"虚拟场景装修"的一个重要环节，针对这个问题，我们团队研究了面向三维场景配色的方法。配色影响到虚拟场景的整体视觉效果，我们的研究项目基于和谐色彩理论，能够根据用户的个性化偏好实现配色方案，和已有方法相比，可以更高效地生成丰富多元的配色方案。

数字内容的发展有望进一步加速现实与虚拟世界的融合。未来，在超级数字场景下，交互式的内容生成也会更加智能化，满足人们"虚拟化生存"的多样需求。

数字内容产业的"溢出效应"开始显现

. . .

陈　孟：刚才探讨的几个话题其实有着很好的对应关系。从"AI赋能视频行业""超级数字场景内容生成"这两个视角，可以看到前沿科技是如何推动数字内容行业创新的；而从"游戏助力 AI 研究""VR 助力传统产业"这两个实践视角，则能够看到数字内容产业如何为前沿科技的发展提供创新的动力、丰富的落地场景，以及数字内容产业和千行百业结合的可能性。这些视角也为数字内容和科技的"互启共荣"提供了多面向的阐释。

关于数字内容和科技结合的可能性，充满想象力的话题还很多。接下来请周逵老师分享数字内容领域的技术能力如何跨界与"破圈"。

周　逵：通过前面的讨论可以看出，数字内容的发展不仅在打开物理世界的边界，赋予我们更加丰富的认知和生命体验，同时也开始助力传统产业转型升级，在制造业、教育、文物保护等领域得到应用，数字内容产业的"溢出效应"已经成为一个新现象。

在这个大话题之下，首先我想和大家探讨一个关于文化遗产数字化的问题。前几年，巴黎圣母院因为火灾而不幸严重受损，随后业界、学界围绕巴黎圣母院的修复和重建进行了很多讨论，其中一个方案是在游戏中把它构建成一个数字场景，以数字遗产的形式留存下去。从这个角度来看，游戏、VR 等领域的技术是否有望让文化遗产实现"永生"？

王朝阳：对于借助数字技术实现文化遗产"永生"，我持比较乐观的态度。文化遗产的数字化已经有很多前沿案例，例如，北京市文物局和腾讯公司联合启动的"数字中轴"项目，基于数字技术实现对文化遗产的数据采集和建模，使"北京中轴线"能够以数字化的形式被展示出来。在文化遗产的数字化方面，结合数字文创平台的建设，通过平台实现文化遗产价值的全方位挖掘和保护。

数字技术在记录保存、传承展示和活化文创三个层面让文化遗产得到了"永生"的机会。

第一，数字助力文化遗产记录保存。通过数字化的采集和建模，把文化遗产本体记录下来，防止因为各种灾害和意外而受损。记录下来之后，文化遗产相关的设计图纸、照片、文字等材料可以形成一个全面的档案，结合这个档案，相关领域的专家可以把其中的文物、遗址等元素解构出来，再结合文物、遗址相关的人物和事件做标注和关联，形成知识图谱。最终通过数字孪生、数字档案和知识图谱，建立起文化遗产的数据库。

第二，数字助力文化遗产传承展示。我们应该通过展示这些数字文化遗产，让公众理解遗产的文化内涵。利用数字孪生引擎等相关技术，可以对文化遗产的场景进行复原，同时加上天气、光照等特效，再通过物理引擎技术生成一个动态的空间。在这个空间里，可以利用数字虚拟人等技术手段让历史人物与公众互动，利用游戏和社交软件设计相应的世界观和故事线，邀请公众在线上"体验历史"，让人们能够在其中玩起来。通过丰富的数字技术手段，建立云上文博馆，让文化遗产生动地展示并传承下去。

第三，数字助力文化遗产活化文创。我们记录下这些文化遗产，提供好的文化服务，需要文化内容能够被"活化"。基于开放共享的素材库，使文化遗产的开发具有可持续性；基于这些素材和版权可以开发文化科技融合的数字产品；基于 AI 技术实现新型创作，既可以跟视频、网文、动漫、游戏等数字内容产品相结合，也可以和线下的文创产品相融合。在城市发展或者乡村振兴的过程中还可以提供一些文化空间，支持文化遗产的活化，使其和公众的生活空间结合起来。

数字技术能够助力文化遗产的记录、传承和活化，并且做到可持续的社会价值创新。从宏观角度来看，在文化强国战略的指引下，文化遗产的数字化可以促进文化自信、增强全球文明的交流互鉴；从微观角度来看，能够为公众提供更高质量的文化服务，增强公众的幸福感和精神力量。

周　逵：通过数字技术对文化遗产场景进行记录和再现，能否复制实体文化遗产带给用户的心理体验？比如，用户通过 VR 去体验文化遗产时，是否会产生面对物质实体时的震撼和神圣感？

金小刚：图形学所做的事情，就是把物理世界数字化，包括对文化遗产的数字化。人主要通过五种感觉器官来感知物理世界，在图形学里，视觉体验和声音体验已经做得非常好了。在体验数字文化遗产时，发挥作用的感官主要是视觉和听觉，其中视觉是最主要的。随着虚拟现实技术的不断进步，构建出的虚拟环境可以非常逼真，人们对于数字文化遗产的体验和对物理世界的体验将非常接近，文化遗产所带来的震撼与神圣感是完全能在虚拟现实的世界里重现的。

虚拟现实技术对文化遗产有两个最大的助力：创建和体验。在创建方面，通过技术可以对真实存在的文化遗址、文物进行"重建"，使其以数字化的方式"永生"；在体验方面，未来用户即使足不出户，只要戴上头盔进入沉浸式世界，也可以游览故宫、圆明园、巴黎圣母院等名胜古迹，获得高度还原真实场景的体验。

随着技术的发展，这种跨越时空的体验将会被进一步丰富。目前已经有很多在触觉、嗅觉技术方面的研发成果不断产生，体验也越发真实。可以预见，随着技术的进步，虚拟现实技术能够完美复现人们在真实世界中的"五感"，文化遗产带给人们的各种真实感受，都可以通过虚拟现实技术完美地呈现。

周　逵： 我们在前面的讨论中提到，XR 已经逐步走向"以虚拟服务实体"的探索道路，为现实中的各行各业提供数字化转型的动力。游戏产业的技术成果是否也有类似的应用？未来，游戏是否会为更多行业走向虚实融合提供助力？

杨　光： 我认为游戏本质上就是各种已知和未知模式的"拟合"，游戏一直在与现实世界相互融合、相互促进。无论是游戏引擎技术，还是游戏的逻辑开发技术，对于在虚拟世界中重建现实世界都是非常适用的。我们可以在虚拟世界里进行低成本的测试，把结果反哺、应用到现实世界中，继而根据现实世界的发展进一步优化虚拟世界，实现虚拟和现实的互相促进。

例如，在无人驾驶评测中，车辆真正上路之前会在虚拟道路上进行大量测试。对于一些复杂场景和极限状态，真实测试往往无法轻易、安全地完成，而利用 AI、游戏引擎等技术，可以低成本、安全地完成测试。

我相信，未来虚拟空间将为其他产业的研发提供更多助力，即利用各种新兴数字技术，针对现实世界中的问题进行建模、迭代，用更低的成本、更高的效率找到解决方案，进一步加速实体经济发展。

周　逵：非常同意杨光的观点。其实无论是 AI 还是 VR 等前沿技术，最初都是为了解决社会实际面临的问题而诞生的，比如，VR 最初是为了实现在战争中对飞机、坦克等战争工具的模拟，随后才逐渐进入娱乐、医学、工业仿真等领域。

关于虚实共生的话题，现在也存在一些观点分歧。有一种观点认为人类应该积极向外太空、真实物理世界探索，也有人认为我们应该更多地向数字空间探索，我觉得两种观点都有道理，其本质上认同人类需要进行更多的场景和空间的探索。那么我们应该更加认同哪种观点呢？

王朝阳：我认为对物理世界和数字世界的探索并不矛盾，这并不是必须"二选一"的问题。一方面，构建数字世界能够帮助我们对物理世界进行探索和优化。比如，我们制造航空飞船，以前只能在物理世界里进行，而现在因为有了数字孪生技术、游戏引擎技术，我们可以在数字世界里生成一个"数字飞船"，并且模拟火星的环境、月球的环境，通过这种方式降低探索物理世界的成本。

另一方面，未来我们有可能享受物理世界和数字世界相结合的服务，例如，利用 AR 在旅游景点里玩剧本杀，让数字世界和物理世界实现更好的融合。

因此，在我看来，无论是探索星辰大海，还是构建数字世界，都具有积极的意义，我对两种探索都持比较乐观的态度。

陈 孟： 这次的讨论让我进一步体会到，无论对新兴技术持乐观的态度还是相对保守的态度，我们都需要正视和理解数字内容产业对科技发展的意义，理解视频、动漫、游戏等许多曾经被视为文化娱乐产品的事物，也关乎未来数字社会的构建、技术的演进趋势，这或许是当下我们需要建立的一种重要的行业认知。

第十四讲　下一代互联网离我们还有多远?

　　随着元宇宙、全真互联网等概念的兴起，新一轮技术变革正在迎来拐点，以虚拟现实为代表的新一代技术、产品正受到越来越多的关注。在对虚拟现实设备的遥看中，下一代互联网昭示的生活图景也似乎越来越清晰可见。AR、VR、XR都在快速迭代，并与实体产业加速融合。

　　围绕着《中国虚拟现实产业的发展和展望》这一主题，腾讯研究院邀请四位嘉宾进行了一场线上讨论和交流。

主持人：

　　宋　扬，腾讯研究院高级研究员

嘉　宾：

　　张卓鹏，光粒科技 CEO

　　彭华军，纳德光学 CEO

　　张道宁，NOLO VR CEO

　　叶　聪，腾讯多媒体实验室产品副总监、专家工程师

概念落地,XR 产业的拐点是否到来?

. . .

宋　扬:请各位专家用两到三个关键词,对 2022 年虚拟现实产业进行总结和回顾。

张卓鹏:我总结两个关键词,一个是极致轻薄,另一个是高透高亮。整个 AR 行业,或者还包括 VR 行业,都在不断地向更轻更薄、更高亮度发展。AR 行业还瞄准着镜片更加透明这个方向在发展,并且卓有成效。

张道宁:我觉得第一个标志性事件还是 Oculus Quest 2 销售量破 1000 万台,这是 VR 普及爆发前的一个重要标志。第二个标志性事件是国家整体入局 VR 产业,比如,运营商发布 VR 定制机,中国信息通信研究院发布 GSXR 标准,以及中宣部把元宇宙定性为会影响下一代人心智的技术。我们从这些信号中可以看到国家对 VR 产业的重视。第三个标志性事件就是解锁新场景。大家都认为 VR 就是游戏机,蔚来汽车的发布让大家进行了一次广泛的讨论。VR 跟车会有什么结合? VR 在车上能干什么? VR 在车上的体验能做到什么程度? VR 能复用哪些现在已有的内容,哪些是专属车的内容? 有没有新的场景? VR 上车,终于让 VR 攻破了一个新的场景。

彭华军:2022 年,整个 VR 行业的发展,我认为的关键词是供应链的成熟和市场的落地。在供应链方面,我觉得国产的微显示屏开始批量供货是一个重要的事情。微显示屏,从硬件上讲，是头戴式显示设备（简称头显）里最重要的一个原件，也是成本最贵的。之前被海外垄断，现在国产的已经能够批量供货了，供应商有合肥的世雅、京东方、Micro LED 等。

这意味在硬件供应链上开始逐渐趋于成熟。从市场来看，国内外都有比较大的动作。在 VR 产业，国外的 Oculus Quest 2 以补贴后 300 美元每件的低价销售 VR 产品，累计销售量接近 1000 万台（2021 年销售应该在 400 万台左右）。当然国内也有重大消息，PICO 被字节跳动收购，说明互联网的巨头开始真正地进到 VR 产业，拉动它的发展。

在 AR 产业，从行业应用来说，微软 HoloLens 获得了美国军方接近 200 亿美元的订单（当然整个订单并不是只有 HoloLens 本身，它是一个整个的体系，而 HoloLens 是它能获得这个订单的重要的前提。因为只有 HoloLens 的 AR 眼镜，能够符合军方的一些要求，其他竞争对手都没有这样的解决方案）。2021 年，在 AR 技术上，光波导的方案有比较多的突破，有一些方案落实到了产品上。从整体来看，我们看到以前很多先进的概念和技术，现在已成熟落地了。

叶　聪: 我想到两个词，一个是接地气，另一个是新标准。接地气的话，2021 年其实出现了好几个拐点，不管是行业内的公司被收购，还是某些产品的销售量，均达到了一个大家认可的程度，也就是说，行业对 VR 开始抱有一个比较乐观的期望了。

在这种情况下，2021 年出现了很多 VR 在传统领域的应用场景，如线上音乐会、虚拟会展等。虽然技术和体验没有那么极致，但是可以看到 VR 技术在日常生活和工作中的实际应用，体现出我们对 VR 的认知变得更为成熟。

现在整个行业内，不管是国内还是国外，大家都开始努力推动相关标准的制定，掌握话语权，在产业发展的前期就想建立一个很好的标准壁垒，避免之前"卡脖子"情况的出现。目前，我看到中国的很多公司也开始非常重视这件事情，这是我的观察。

VR、AR 离普及还有多远？

· · ·

宋　扬：目前，虚拟现实的硬件和内容生态的现状如何？距离消费级的真正的大爆发还需要跨过哪些门槛？我们什么时候能看到 VR、AR 产业的出圈？

张卓鹏：我觉得首先还是需要在硬件技术上有更多的突破，不论是头戴部分还是手戴部分，都需要做得更轻巧，便于用户携带。现在的 VR 设备，如手柄，需要在聚焦的环境下使用（比如，Oculus Quest 2 需要在至少 2m×2m 的空地内使用，HTC Vive 还需要搭建定位基站，等等）。

移动互联网时代，VR 的设备要足够"移动"。比如，能从手持设备简化成"戒指",这样达到了硬件上的质变,我认为 VR 出圈就指日可待了。等到它出圈之后,内容的蓬勃发展,其实是可以预期的,所以,我们认为的瓶颈并不在于内容的限制,而在于整个装备本身太笨重了。我认为在这方面需要创业者,还需要大公司,共同努力,尽快使整个终端设备能够迈过那个门槛。

张道宁: 在硬件方面,我的想法与张卓鹏是一样的。不过,除了做到轻巧便携,价格降下去也很重要。之前有媒体报道,中国有 7 亿人月收入在 3000 元以下,中国的整体收入水平决定了我们的消费者很难花 3000 元购买一个休闲设备。VR 更是一个供给侧决定需求的市场,这个特点是比过去的任何一个行业都要明显的,所以产业链成熟可以催生需求的变化。

我觉得内容不是问题。因为内容开发的门槛很低,一个大学生拿一个 SDK 在家里用一天时间就能开发出 demo。好多人说 VR 缺内容,其实 VR 不缺内容,VR 缺的是真正优秀的硬件。你无论在诺基亚和大哥大上怎么开发,都不会有今天的互联网生态。

彭华军: 首先我想说一下,我认同硬件先要做突破,一个是产品体验要提升,一个是价格做普及。从 VR 的使用场景来看,可以分为强沉浸、强交互,弱沉浸、弱交互,弱沉浸、强交互,以及强沉浸、弱交互。我们目前谈得比较多的还是适用于强沉浸、强交互的硬件所存在的一些问题。

强沉浸、强交互,硬件要做到清晰度很高、很轻巧,其难度还是很大的。因为目前从光学上来讲,强沉浸、强交互要求大 FOV、大屏幕;而大屏幕的清晰度、光学畸变这些问题其实不太好解决,同时也因为其尺寸大、比较笨重而价格高。

以 Oculus Quest 2 为例,这台机器的体验基本是及格的,在价格上又做了很大的补贴,所以能够有千万级消费市场。但它的策略放到国内来执行就比较难,因为进行这么大规模的补贴对于任何一家硬件创业公司其实都不太可能做到。

在我们的现实生活中,更加常规的还是弱沉浸、弱交互的体验,像手机、计算机、电影、电视,甚至投影。看电影就可以认为是弱交互的画面很大的弱沉浸的观影体验,甚至可以把这种场景搬到车里。它其实就是一个移动高清大屏,所以也可以用于主机游戏、云游戏等场景。

在这个方向上,其核心还是要解决清晰度和佩戴舒适度这样关键的问题,搭配一些多样的弱交互,如做一些能够方便社交的互动功能。出圈这个问题我觉得其实提得很好,因为出圈意味着不能只是一些极客发烧友玩或是自嗨,而是要让一些普通消费者使用并认可。创业公司没有办法像 Meta 这样大金额地补贴消费者,所以我觉得还是应该找一些更加适合的应用场景,利用这些场景提升体验和降低价格。

叶 聪：说硬件成本问题我非常认可。从整体上看，虚拟现实相关产品的价格还是比较高的，而这个价格从普及的角度来讲的话，距离还是很远的。但还是存在一个平衡：如果在硬件设施没有达到足够好的情况下，做高清的全真虚拟（内容），效果可能不太好。

为什么现在很多元宇宙场景，包括 Roblex，是采用像素游戏化这种方式去做的，因为这样它可以规避掉对画面细节质量的追求，而那些细节既"烧"渲染硬件，又"烧"存储、传输的设备。因此，我们可能在硬件表现达到不同阶段的时候会有相应的内容提供出来，支持这种硬件的使用，给它提供需求。

另外，在整个产业链条方面，国内外的发展方向不太一样。国外几个大平台都建起了自己的生态发展 VR 产业，生态跑起来，政府给订单就行了。本身像美国军方这些机构也很愿意去采购这样一些科技，很多技术其实也是军工转民用的，这是国外市场的一个很大的优势。

国内不太一样，我们在政策上肯定是支持的，但在如何扩大应用市场这个问题上，还处在摸索和思考的阶段。现在，可能更加需要我们从公司的角度多结合自己的特点，做出一些例子来证明 VR 产业的价值，一起推动这个行业发展。还有一个重点就是产品多元化。以前大家一提到 VR、AR，就会想到游戏，但是现在应用场景也非常多。这么多场景中，我们需要筛选出一些刚需的、能支撑起一个能够盈利的公司或者机构的场景。利用这些刚需的场景需求，慢慢支撑起社会的接受度，最后达到盈利的目的。这是我的一些小观察，抛砖引玉。

虚拟现实是否是开启下一代互联网的钥匙?

· · ·

宋　扬：那么，下一个问题就是虚拟现实和下一代互联网之间的关系如何？大家都提虚拟现实也许是下一代互联网的一个硬件，果真如此吗？那么新一代的互联网和其他产业的融合促进和影响如何？

张卓鹏：首先，XR 一定是下一代互联网的主流。现在移动互联网的整个商业模式就是在追求极致利用碎片化时间，同时，因为我们目前使用的手机屏幕太小，导致我们很难在一个小小的屏幕上同时多线程打开多个应用，处理多个事情，这一切归根结底，是受到技术的限制。

而我们所说的 XR，在结合了空间定位技术后，我们身处的周围都可以是屏幕，任何时候，任何地点，只要我们一转头，就能看到无限的屏幕。到了那个时候，互联网的整个商业逻辑都将会从重视碎片化时间转移到重视碎片化空间中，并且碎片化空间将会成为我们下一代互联网的核心。由此带来的改变无论是在内容创作，还是在商业运行思维上将会和前一代移动互联网大不相同，这是需要引起我们重视和讨论的。

张道宁：现在看来，下一代互联网有太多的概念，比如，Web 3.0、元宇宙、全真互联网等，但是目前没有人能真正定义下一代互联网，因为还没有能真正实现普遍意义的商业化产品问世。我们其实可以将 XR 当作一个全新的数字沉浸式场景，它会比手机的沉浸性强，同时在便携的基础上，它的算力媲美 PC。目前，我们的 B 端合作伙伴主要还是来自军工、医疗和教育等领域，像军事模拟训练、工厂流水线培训、课室教学互动等都是使用最多的场景。

当我们在会议上需要向别人展示一个企划或物品的全貌时，光用 PPT 肯定是不行的，需要包含更多细节、更多展示维度，让我们可以 360°全方位无死角，甚至放大几百倍地去观看。这就是下一代互联网与 XR 技术最擅长的，也是最应攻克的使用场景。当这项技术铺展开后，包括但不限于家具设计、汽车制造、地产领域，在远程开会展示实物时，都将会更加具有临场感。

当我们在开发 VR 产品时，不要从已在使用并已熟悉它的用户身上寻找建议，而应该将注意力更多地放在那些不接受、不需要 VR 产品的人身上。今天的新生代群体，他们连最好的 VR 产品都接受不了，所以他们提不出 VR 需求。从商业角度来说，从业者应该考虑为什么消费者没有 VR 的需求。

彭华军： 我认为 VR 会是下一代互联网重要的新型入口，但并不是决定性或主导性的入口。下一代互联网依然以手机为主，VR 也许会超过手机，但取代手机的可能性不大。因为 VR 不是一个单纯的功能性终端，它所带来的沉浸式体验是之前任何产品所不具备的，所以它一定是一个增量产品。VR 天然具有平台化、生态化和社交化的特点，现在只依靠几家公司去完成 VR 整体生态的布局是困难的，所以一些天然带有生态和平台的互联网公司巨头应该积极帮扶这些 XR 领域的初创公司。

用户佩戴体验的舒适感一直是我们在用户交互方面重点关注的领域。因为在此之前，我们没有长时间在头上佩戴电子产品的习惯。根据我的调研，很多用户尤其是女性对这种佩戴的异物感的不适要大于男性，另外目前九成的用户都是男性。未来如何让这些头显设备变得更加轻巧和让人接受，将是一个亟须解决的问题。

叶　聪：首先，怎么定义下一代互联网这件事情其实一直没有一个公论，具体什么叫下一代互联网，大家的见解也不太一样，所以很难去界定它的入口是什么。但是，我们可以把虚拟现实当作众多尝试中的一种，它最大的意义可能就在于它是一个充满未知和不确定的尝试。我想起之前腾讯的 COO 任昕宇说过的一句话，旗帜已经立在那里了，怎么走过去其实大家都在探索。在这个过程中，大家的思路不一样，有些团队会从纯内容的方向去探索，有些团队则会从硬件的方向去切入，也有一些公司会去做资源整合，打通上下游、技术和内容之间的界限，所以大家都在自己能力范围内尽最大努力去探索下一代互联网。这就很难说哪种方式是最好的，更多的是诸多公司在探索的过程中，触到了那个临界点，这个点一旦被打通，那么所有的环节就都打通了。这样下一代互联网的定义才会真正清晰起来。

中国 XR 产业方向何在?

· · ·

宋　扬: 目前, 我国虚拟现实产业的发展水平在世界上处于一个什么水平? 在生态、技术等节点上有什么需要提高的部分? 大家对未来几年的产业发展有什么期待?

张卓鹏: 我认为中国 XR 行业的整体发展水平还是比较靠前的, 差距还是在 AR 或 VR 的主控芯片这一块, 目前国内厂商在这一方面还没有形成规模化的生产力。另外就是终端操作, 我们完全可以和做系统或软件的公司通力合作, 开发出一个像早年 Win-tel（Windows+Intel）这样的一种搭配, 虽然目前国内 CPU 芯片的性能不如国外, 但由于整个生态还没有发展完全, 所以对于芯片的运算性能需求还不是很大。我觉得, 通过后期在产业链上公司间的互相合作, 国内的 XR 产业在未来的发展路上将走得更顺畅一些。

张道宁: 我想谈一个叫"微笑曲线"的概念, 在终端一侧, 品牌和生态的定义者离用户最近, 赚的也最多; 一些离用户较远的核心技术提供者, 如高通的芯片、oculus 屏幕的制造商也赚了很多钱。中国从代工厂时代就一直处于微笑曲线的最下方, 虽然流水看起来很大, 但实际上利润空间是非常小的。

我把今天的 VR 头显行业看作两个部分, 一个是头显技术部分, 另一个是生态交互部分, 把这两个部分分开来说。我国的头显技术部分还是非常依赖上游供应链的，就像我国手机"一芯难求"一样，经常会被像高通这样的芯片厂商"卡脖子"。再说生态交互，现在大家都在追逐 Oculus Quest 2 的 6 DOF 交互技术，但很少有其他的、同样能实现 6 DOF 的交互方案。Nolo 在朝这个方向努力，我们也希望能看到更轻量的交互产品。

同时，无论是在生态方面的投入，还是第一应用的开发，Meta 都是绝对的引领者。这就是说，国外在芯片开发和用户生态方面都处于明显的引领地位，而我国最值得称赞的就是代工厂，所有的 VR 产品都是 made in China，我们需要去思考，这是为什么？不过我们是有机会的。

现在除了在网络渠道，三大运营商也要开线下 VR 体验店，让更多的消费者先体验再消费。还有在场景上也有一些创新，如将 VR 搬运到车里。我们要引领用户侧，要有公司跳出来定义一个跟 Oculus Quest 2 不一样的 VR 产品；在核心元器件这个方面也要往前走，抓住微笑曲线的两头，通过新场景、新渠道和新技术去做微笑曲线的引领者，我觉得这是我国转型的关键所在。

彭华军： VR 产业很大，分很多环节和链条。拿硬件举例，硬件分为显示部分、控制部分、交互部分；显示部分又分光学部分和显示屏部分。现在高通掌握了 CPU、GPU，还有 6DOF 交互的核心算法，确实优势明显。但从另一个角度来看，整个 VR 硬件除了主板，还有屏幕、光学方案。现在在屏幕方面，我们有京东方、歌儿光学。

今后，如果 Meta 下一代产品想使用 Pancake 的镜片结构，要用到 Micro Led Display，国内至少也有 2 家公司可能成为供应商。从这个角度来说，国内的产业链已经开始能够到国际上去竞争了，而且从竞争的趋势来说，只要是国内企业能做的，一定会越做越强。整体来讲，整个硬件供应链的成熟度可能是我国更高于美国。但是我们还有很多需要提升和补强的部分，如核心的芯片，不但是 VR 产业，我们的整个电子产业都需在芯片上去补强。

在应用方面，我国的互联网企业可以多开发一些应用和内容，基于这些内容会带动起一些消费应用的需求。而这些需求，反过来又会对硬件功能提出一些新的规格要求，基于这些要求，国内的硬件厂商，包括像我们这样做光学解决方案的厂商，就会定向性地做一些硬件的技术攻关。

我个人认为在虚拟现实产业上，我国是能够在国际上进行竞争的，至少不会处于后发位置，甚至放到全球竞争的格局里，我国也是有机会获得一定竞争优势的。

叶　聪： 我觉得 AR、VR 的核心难点其实在于传输，怎么把这种高维点云数据进行高质量的压缩同时还原，这其实是一个很难达到的技术。从整个技术链条来看，早期的时候大家可能没有关注这个技术，但是到后期，传输质量的好坏可能会暴露出来，成为技术上的一个很大的差异点。

这一块的很多早期的算法都是国外的学术机构或者公

190

司提出来的，他们肯定有一些积累和先发优势。但从我们自己的角度上来说，可以快速地学习、迭代，甚至可以做得更好，但这是需要持续投入资源去做的一件事情，浅尝辄止是不会有效果的，所以这也是我们可以努力的地方。我们也希望和行业优秀的创业公司多合作，把我们在硬件、算法、软件上的一些优势发挥出来，一起把国内的虚拟现实的产业做好。

第四篇

寻路

第十五讲　施展——元宇宙会是人类的未来吗?

外交学院教授施展在题为《元宇宙与未来》的演讲中，不仅谈了元宇宙，也从不同角度讨论了算法伦理、网络暴力等问题。对于"元宇宙会是人类的未来吗？"这个灵魂质问，施展在演讲中给出了肯定的回答。至于他为何如此确信，他在演讲中也分享了自己的推演逻辑。

以下为施展教授的演讲全文：

很多人都觉得我是一个很难定位的学者，我在北京大学历史系博士毕业，研究法国史出身。最近这几年我一直在关注中国历史，尤其是中国的边疆走廊地带，同时又花很大精力研究中国的制造业，居然还在关注元宇宙。

其实我对这些问题的关注，背后有一个更大的总体的问题意识在贯穿。

我的讨论会与很多常见的讨论不一样，今天我想跟大家聊一下我对元宇宙的一些思考。2021 年，我们听到了太多的关于元宇宙的故事，很多科技公司也都开始往这个方向靠拢，如 Facebook 改名为 Meta，直接把公司名改成"元宇宙"了。

元宇宙究竟意味着什么？看上去如此虚无缥缈的一个东西，它到底意味着未来，还是仅仅是泡沫？这就是今天我想跟大家探讨的话题。

元宇宙是人类的未来吗？

首先来说一下我对这个问题的基本结论：元宇宙当然就是人类的未来。为什么我如此之坚定？在我看来，任何一个产业或者任何一种技术，如果想成为未来的话，一定不仅是因为它所包含的想象力，更重要的是能够解决人类所面对的最紧迫的问题。

元宇宙具体能解决什么问题？要回答这个问题，我们先做个简单的回溯。2019 年，我曾经到越南、中国的珠三角、中国的长三角做了很多调研，当时主要是为了回应在中美贸易摩擦之下，中国制造业是否还能保得住的问题。

在调研中，我意外注意到了另一个事实。工厂老板跟我讲，一个机器人可以替代 4 个人，而且 5～6 个月就可以收回全部成本。我听后大吃一惊，居然连这样的一个行业也开始发生机器对人的替代了，那么在技术含量更高、更加复杂的行业中，机器对人的替代一定会更加广泛，速度会越来越快。

这就有可能带来人类历史上前所未有的一种特定的劳动结构的变化。现在对人类历史上劳动结构做一个大致的类型学分析：比如，在农业经济时代，资源比较匮乏，可能由 95% 的人工作，但是生产出来的东西相对较少，所以只有 5% 的人可以尽情消费，95% 的人大概只能维持基本生存。而到了工业经济时代，生产出的物资急剧扩张，有可能就是 95% 的人在生产，同时 95% 的人在消费。

194

　　问题是，如果工业经济时代产生的大量工作岗位都被机器人、AI 所替代，未来会是什么样呢？我们再做一个比较夸张的类型学分析：有可能未来的数字时代就是 5% 的人在生产，95%的人在消费，跟农业经济时代是一个完全的大颠倒。

　　这听上去似乎是一个很有意思的未来，但问题来了，95% 的人并不是不想生产，而是没有机会生产，因为他的工作岗位已经被机器人替代了，如果这 95% 的人没有机会生产，那么他们就没有收入，他们用什么来消费？没有消费能力的话，5% 从事再生产的人又去生产什么？他们也没有东西可生产，生产出来卖不掉，那么整个经济循环就有可能断掉。

　　但机器替代人又是一定会发生的，这是一个不可逆的事实。那么新的问题来了，95% 被替代掉的人究竟该怎么办？以及因为替代过程导致的经济循环断裂问题，应该怎么解决？**我得出一个假想，除非这 95% 的人的消费行为本身就等于生产，即消费本身就是生产，这个逻辑才能够跑得通，经济循环也才能够重新运转起来。**

　　我们在购物平台的消费行为不断产生数据，而在数字时代，最重要的生产资料就是数据，不断产生数据，而数据需求量越来越大，价值越来越大，那么消费行为本身就等于生产。于是，我们所说的"5% 的人在生产，95%的人在消费"这个逻辑，应该进一步清晰化为"5% 的人在进行传统生产，而95% 的消费的人实际上是在进行另一种新样态的生产"。

　　此时，重要的是我们需要找到一个场景。在这个场景里，人们通过消费过程来生产数据的效率足够高，生产出来的数量足够大，以及生产出来的数据差异化足够强，因为数据差异化越强它的价值才越高。那么什么场景能够满足这几个要求，满足这些条件？目前我们所能想到的最有可能的一个场景就是：元宇宙。

算法伦理与网络暴力的问题

接下来要讨论的问题是，谁在做元宇宙？目前主要是美国、中国的若干个大科技公司在往元宇宙的方向努力，开始尝试构建自己的元宇宙。但是这里面有一些可能产生反噬效应的问题。另外，由这些科技公司构成的元宇宙，绝对没有穷尽元宇宙的可能性。

为什么会有反噬风险？目前在探索元宇宙的科技公司里，成立时间最长的大概就是微软，大约有四五十年，Facebook有十几年。

科技公司都会用推荐算法，因此给用户看到的东西跟他的兴趣最匹配，但同时推荐算法带来了另一些问题，如信息茧房。推荐算法基于用户在平台上的浏览习惯、消费习惯等判断其最感兴趣的东西是什么，然后不断地向他推荐最有可能感兴趣的东西。于是，用户就会有一种莫名的舒适感，很容易被带到一种特别自在的舒适区。

在舒适区里，用户感觉自己似乎看到了大量的内容，收获了大量的东西，但实际上这些内容营养比较单一。用户只能看到自己感兴趣的东西，就以为全世界都跟他一样，他看不到他不感兴趣的东西，以至于如果因为什么，猛然间看到了不一样的东西的时候，会瞬间感到被严重冒犯。而这种被严重冒犯的感觉同时又叠加了另一个问题。

在社交媒体出现之前，我们的社交关系是一种重社交关系。日常社交圈子的社交伙伴，基本上都是物理空间意义上的在我们周围的人。我们跟这些人彼此之间的关系是多维度的：一方面我们都是同事，另一方面我们可能都是父亲，再一方面我们可能都是球迷，我们还有更多其他交叠的身份。各种各样交叠的身份使我们抬头不见低头见，我们总要有各种各样的合作、互动，因此就会有一种节制自己任意释放情绪的动力。

社交媒体出现之后，人和人之间的关系变成了轻社交关系。我们在网上日常交往的人，绝大部分在线下永远没有机会见面。我们在同一个群里，或者在同一个平台上，刚好因为同一个话题聚在了一起，在这种情况下，我们彼此之间的关系是单维度的。一旦有人惹得我不爽，我马上就对他破口大骂，反正我这一辈子都没有机会见到他，破口大骂又怎样？而且我本来是在舒适区里的，因为什么莫名其妙的事情被迫从舒适区出来，我已经一肚子火了，突然又看到跟我的观点完全不一样，甚至尖锐对立的人。在这种情况下，他跟我之间的对立，对我来说就是一种严重冒犯。同样，对方也感觉我是在冒犯他。

在这种情况下，彼此的破口大骂，使被迫从舒适区出来的不适多少得到一点儿释放，而且骂完之后将对方拉黑，从此再不相见，对我来说没有任何损失。**在这种轻社交时代，人**

们没有节制自己释放情绪冲动的那种动力。最近几年网上的情绪宣泄现象极其严重，氛围非常之撕裂，这就是原因。

在这种轻社交叠加信息茧房的情况下，在非常极化的互联网情绪之下，这些科技公司也会遇到各种各样的麻烦，如公关变得越来越难，自己的公众形象有可能变得越来越差，而且公众形象有可能极其撕裂、悖反，非常糟糕，可能还会遭遇到比较差的营商环境。

因此，我最近在思考一个问题：即便是为了科技公司自己的利益，也需要一种新的算法伦理。不能只给用户推荐其感兴趣的东西，要设定一个参数，比如，给用户推荐 100 个内容，其中 40% 是他完全不感兴趣的，要让用户意识到世界上还有很多别的东西存在。只有天天都能见识到那些他不喜欢的东西，甚至跟他的想法完全相反的东西，他才会在被迫跳出舒适区的时候，不会那么容易暴跳如雷。

如果推荐算法不进行这样的参数调整，没有往这个方向演化，就可能会产生非常大的负面效应。但是仅仅靠算法伦理的演化肯定不够，还需要有更多的东西，很可能是超出数字技术之外的力量来共同推进的。但我们要对算法伦理有足够深刻的认识和反思讨论，这在今天是非常重要的。

一种分布式数字世界的可能性？

再说另一个问题，由科技公司推动的元宇宙，远远没有穷尽元宇宙的可能性。原因就是，我们所建构的数字世界，仍然不是一个真·分布式的数字世界。

目前，在内容生产层面，所有用户都在进行各种各样的内容生产，毫无疑问这是分布式的。但是在管理上，仍然是集中式的。比如，Facebook 在 2020 年就拔过澳大利亚政府账号的网线，这种"能拔网线"集中式的管理，仍然没有把互联网所营造的数字世界所有的可能性充分释放出来，也就是说，没有穷尽它的可能性。

那么在管理层面要做到分布式，这种可能性在哪里呢？我觉得区块链技术有可能提供。区块链技术让我看到了人类历史上前所未有的一种全新的组织机制的可能性，我用一个概念简单地表达出来，就是提供了囚徒困境的第三种解。

在囚徒困境下，人和人之间很轻易就相互背叛了。可人类之所以能够站到食物链的最顶端，成为万物之灵，恰恰是因为人类能够进行大规模的合作。既然囚徒困境是内在于人性的，但是人又必须得合作，那就意味着囚徒困境本身需要找到解。

人类过往的历史为囚徒困境提供了两种解，一种解是通过反复多次博弈，每个人都考虑长期收益，放弃对短期收益的追求。比如，我不会背叛，如果背叛，我就没机会跟人再做交易，我的长期收益就丢了。反复多次博弈，就使背叛可以被克服，合作能够展开。

但反复多次博弈，必须得以熟人社会为前提。而熟人社会只能是小规模社会，因为在大规模社会，你根本做不到彼此之间的熟悉。而现代社会都是大规模社会，大规模社会注定是陌生人社会，反复多次博弈的机会很少，绝大部分交易都是一锤子买卖，那么人性中的一些东西马上就会浮现，人们可能更倾向于彼此背叛，而不是合作。

如果没有合作，社会就会崩溃。而现代的大规模陌生人社会为什么没有崩溃？一定是因为人们找到了解，也是第二种解，即一个强力的第三方执行人。在合作过程中谁敢背叛，第三方执行人就会过来给他严厉的惩罚。在现代社会中，这个第三方执行人就是国家，因此对现代社会而言，国家是一个无论如何都绕不开的建制。

区块链提供了第三种解的可能性，它能够在大规模陌生人社会中实现熟人社会的效应，这是人类历史上从来没有出现过的一种组织机制。因为分布式记账技术存在，当我跟一个陌生人在区块链上做一笔交易，这笔交易会在区块链上全网发布，这个账记下来之后，如果我欺骗了那个人，任何人都可以去查看我过往的交往记录，看我是否可信。只要欺骗过一次，我就甭想再跟任何人合作，这是只有在熟人社会中才会出现的效应。这种全新的组织机制，为前面所说的那种分布式管理提供了充分的可能性。

现在在区块链上还有一种新的组织机制，叫作 DAO（Decentralized Autonomous Organization，完全式分布式的自制组织）。在过去，几个人想合伙做点儿什么事，需要合伙注册一个公司，而在今天，只要几个人达成某种共识，就可以签一个智能合约，把它架设在区块链上。

可以说，元宇宙相当于构建了一个平行于传统物理世界之外的数字世界，它是一种完全不同的空间逻辑。在地理大发现时期，西班牙率先航行于海洋之上，在海洋上得有一些具体的规则来管理，得有法律，于是西班牙把自己所熟悉的在陆地上的法律尝试平移到海洋上，用来管理海洋，结果并不成功。因为海洋上的逻辑跟陆地上的逻辑是完全不一样的，它们服从的是两种完全不同的法理逻辑。直到过了 100 多年之后，终于有人把海洋上的法理逻辑想明白了，一种新的空间秩序就此打开，那是平行于陆地之外的另一个秩序。

所谓平行，并不是说它们相互之间没有互动，反而这两者有非常密切、非常复杂的互动，但仍然各有各的规则。平行于传统空间之外的另一个全新的空间，同样需要一系列的法理逻辑、伦理逻辑、政治逻辑、经济逻辑，不过很多东西跟传统空间不太一样。我们不能简单地把传统世界的规则平移到数字世界里，然后期待它奏效。

我们观察历史或者观察任何一个秩序的时候，都要记住一点，就是正义必须跟利益同构，才是有存在活力的。没有利益，在物质意义上，缺乏经济的自我循环能力是延续不下去的；没有正义，则无法获得足够多的人支持，没有人支持，这事也搞不下去。因此，只有正义跟利益同构，这个事才真的能够展开。

那么在元宇宙世界，我们也要去寻找正义跟利益同构的结构可能是什么样的，这是今天必须要思考的问题。

元宇宙的意义，我们仍要继续想象和建构

我有一个很强的感觉，20年之后，元宇宙有可能构成我们经济当中最主要的部分。元宇宙不停地生产数据，人们在做各种各样的交互，所有这些都脱不开物理硬件，而物理硬件就构成了虚拟世界跟线下的物理实体世界之间至关重要的交互界面。

很多人说2021年是元宇宙的元年，那么2022年有可能就是元宇宙2年，而到元宇宙20年的时候，这个世界是什么样子呢？这对未来的世界秩序、未来的经济秩序、未来的人类秩序究竟意味着什么？

现在，我们还没有办法明确地回答，只能展开各种各样的狂野想象。我们应该持续构想怎样才是一个更加良善、更加美好、我们更愿意生活于其中的世界，而这个世界究竟怎样才会到来？这需要我们一起去想象，也需要我们一起去建构。

第十六讲 姚洋——中国经济长期增长的动力

和对经济的短期预测相比，北京大学国家发展研究院院长姚洋更建议大家关注长期趋势的判断，他在《2022展望：稳中向好的中国经济》演讲中，从人口变化、技术创新等视角，分享了他对中国经济长期增长潜力的看法。

以下为姚洋先生的演讲全文。

谈到经济展望，大家一般都会从短期讲起，然后讲长期，我想把这个顺序倒过来，从长期讲起，然后讲明年的经济展望。

这周的活动是创新周，我自己并不研究创新，但我知道参加创新周活动的很多人对创新、科技向善这个题目掌握得比我要好得多。我是个经济学家，也是个研究政治经济学的经济学家，所以我更愿意和大家分享一下中国经济增长的大背景。

企业家的任务是为社会创造财富。在创造财富的过程中，大家也要不时抬起头看看路，不仅是向前看，而且要扭头往回看看中国走过的路，只有明白这条路是怎么走过来的，我们才能行稳致远、看到未来。

今天我要跟大家分享三部分内容：**第一部分内容是如何认**

识我们新的时代，第二部分内容是中国经济长期增长的动力，第三部分内容是来展望一下 **2022** 年的经济形势。

首先分享的第一个问题就是新时代的特征。大家都知道我们进入了新时代，那么这个新时代意味着什么呢？我觉得，谈这个问题不能只看新时代，也要回过头来看改革开放这 40 多年走过的路。

按照第三份历史决议的说法，改革开放是中国共产党一次伟大觉醒，我认为这个评价是非常高的。改革开放 40 多年以来，中国取得了无与伦比的进步，我们这一代人就是从改革开放中获益最多的一代人。

我们经历过中国的贫困阶段，也经历过中国快速上升的阶段，所以我们应该感谢改革开放。我们也要看到改革开放 40 多年，特别是到了后期，也积累了一些问题。这些问题对于中国长期的经济、社会和政治发展来说都是不利的。

我是研究发展经济学的，经常做国际比较，按照我自己的看法，问题积累起来，就会让中国回归一个正常的发展中国家，这是我十几年前得出来的结论。那什么是一个正常的发展中国家呢？

第一，我们看一下十几年前中国的情况，当时的腐败已经到了非常严重的地步。从后来的反腐我们也能看到，如果腐败不治理，将会阻碍国家继续向前发展。

第二，我们看到有些资本的力量已经足够强大，这在当时也是一个非常大的挑战。

第三，在金融领域也出现了很多乱象，不仅是 P2P 理财之类的形式，更为严重的是，有一些人通过转移财产的手段有意掏空中国。他们从中国大规模借钱，然后进行所谓的海外投资，事实上是想掏空中国。

第四，国际形势正在发生变化。改革开放之后，我们遇到了一个战略窗口期。相对来说，当时的国际环境比较友好，但是当中国变得足够强大的时候，世界上其他国家特别是美国，开始对中国越发警觉。再加上我们所坚持走的社会主义道路和美国及其盟友所希望的路是不一样的，所以它们感到紧张。与此同时，国际环境也在变化，国家安全就变成了一个非常重要的问题。

第五，我们看到中国经济高速增长，但并不是每个人都平均地从经济增长中得到好处。有些人得到的多一些，有些人得到的少一些，这样就造成了收入分配不平等、财富分配不平等。我们国家的收入分配不平等到了什么地步呢？

按照国家统计局的数据，我国的基尼系数最高峰达到 0.49；北京大学的数据显示基尼系数最高峰达到 0.52。过去十几年间基尼系数有所下降，这和政府的政策有一定关系。基于这样一个背景，我们再来理解这个新时代，其实很多问题就可以迎刃而解。

比如，对一些企业、一些行业的整顿，并非政府或者党对于民营企业的政策有所变化，而是要实实在在地解决、扭转过去 20 多年出现的一些问题和混乱局面。

给北京大学本科生上课的时候，我教他们要学会 Critical

Thinking，中文的翻译是批判性思维，我觉得这个翻译不准确。Critical Thinking 应该翻译为让你看到事物的很多方面。

一件事情不可能只有一面，我们要关注到它的其他面。如果你不关注到所有的面，任由这个社会走下去，最后就会出现问题，甚至翻车。新时代要做的就是把改革开放之后好的部分保存下来，然后把出现的问题纠正过来。新时代实际上在某种意义上是一个纠偏的时代，并不是一个否定的时代。

无论是第三份历史决议，还是学习第三份历史决议的官方文章，都充分肯定了改革开放的成果，这一点是毋庸置疑的，但是肯定改革开放并不是肯定所有发生的事情。它一定会产生一些副产品，这些副产品未必对整个社会是有益的。因此，新时代是一个纠偏的时代，既不必惊讶，也不必担心。

我个人认为，经过一定时期的纠偏，中国社会和中国经济会更加净化、更加从容、更加有序地发展，最后对于每一个企业进行公平竞争都有好处。这是第一个大问题，即怎样去认识新时代。

第二个大问题就是怎么去认识中国长期的增长潜力。我们容易被短期趋势所左右，比如，基于 2022 年下半年的经济增长速度，很多人说 2022 年是最坏的一年的开始，以后还要更坏。大家都很容易进行线性推演，"准备过苦日子了"。我觉得这样的推演存在逻辑问题，我之前谈到我们的企业家在创造财富过程中，埋头苦干是必要的，但是抬头看前面的路也是必要的。

抬头看前面的路，我们没有任何理由对中国经济失去信心。

我甚至要做出一个大的判断——未来 30 年是中国过去 1000年以来最好的 30 年。在我的心目中，上一次最好的 30 年是北宋时期，更确切地说是仁宗统治的那 40 年，那大概是中国历史上最好的 40 年，之后中国就一直走下坡路，直到 1949年。可能有人会提到 1978 年，这要看你用什么尺度去量历史。放在千年历史里考察，中华民族的伟大崛起是 1949 年，它是一个质的变化，1978 年是在质的变化里又加速了增长。

为什么我要说未来 30 年是中华民族 1000 年以来最好的30 年？因为我的判断是中国重新回到了世界技术的前沿上。那中国为什么在未来 30 年会进入世界技术的前沿？答案是我们厚积薄发。中国人有务实的传统，改革开放之后，我们重新回到了务实主义的传统上。我们埋头苦干了 30 余年，过去 10 年我们的资本积累暴发了，很多技术都开始暴发了，我去过不少企业，其中很多都是隐形冠军企业。

我想举一个例子，有很多人说山东衰落了，我们国家的南北差距在拉大，山东在衰落。其实山东并没有衰落，只是相对于沿海发达地区，山东的经济增速没那么快了。因为沿海发达地区在转型升级，以通信技术、互联网为主导，所以它的增长速度非常快。

山东的产业核心是中等技术制造业，其实这才是中国地方优势，那就是制造业非常强大。山东在某种程度上和沿海发达地区一样，代表了中国整个工业的基础。沿海发达地区代表未来方向，山东则代表基础的部分。这 10 来年我去山东很多次，能感觉到山东在转型升级，在原有的工业基础上转型升级产生了很多隐形冠军企业，产量是世界第一位，技术也是世界第一位。

我想重点讲三方面的技术，这三方面的技术中国是领先世界的。

第一方面的技术就是 AI 和自动化。大家都知道在我国 AI 应用是非常广泛的，实际上我们的 AI 应用远远超过了美国。比如，现在在网上订东西，在手机上我们就可以看到货物在途中，几乎是每分钟都在更新，听起来很自然，实际上这一点儿都不自然，在美国就不可能做到，美国在这方面落伍了，在美国很多情况下订货还要靠打电话。

AI 的最新、最高端的技术还是在硅谷，但这并不意味着中国就落后了。中国好在哪里？就是应用场景非常大，大规模的应用场景会使 AI 的成本大规模下降。

有人说老龄化是一个挑战，但是我们也要看到老龄化给我们带来的机遇，如老年人的陪护问题。中国人做父母都希望子女在身边，但在现代社会子女不可能在身边，怎么办？AI 的作用就显现了。我认识一位女生，她是独生女，在外地工作，她父母总是见不到她。她就给父母买了一个小的 AI，她父亲说："我想我女儿了。"AI 就说："好，我给你女儿打电话。"电话号码一拨通，她女儿就出现在大的投屏上，父亲跟女儿说几句话，心里就安稳了。然后父亲说："我烦了，你给我播首歌吧。"AI 就说："好，我给你播放一首快乐的歌。"

这就是中国 AI 的应用，照这个速度，中国在 AI 的核心技术方面赶上甚至超越美国，只是时间问题。我坚信，所有的技术进步一定要有应用，没有应用，技术难以持续。中国 AI

的应用这么广泛，它会刺激技术进步。倒退 5 年，我们无法想象中国 AI 会有今天，就是因为中国应用场景大。

第二个技术就是新能源领域。我国对太阳能与风能进行了巨额补贴，20 年过去了，我国的太阳能、风能在全世界都取得了碾压式的优势。在太阳能领域，太阳能电池板 75% 的原配件是在中国生产的；中国的太阳能装机容量占全世界的 1/3；中国的太阳能成本已经与火电相当，未来 5～10 年甚至还会下降，有人预测 5 年之内还要降 1/3，届时会比火电还便宜。这是中国为世界减排做出的一个巨大的贡献。

西方国家一开始都抱怨中国，说中国给太阳能领域补贴，并用"反倾销"到 WTO 去告我们，而今天他们要感谢我们。未来的几十年里，中国在太阳能领域对世界减排的贡献，我觉得怎么夸奖都不为过。

我们国家提出了"双碳"目标，到 2030 年实现碳达峰，到 2060 年实现碳中和。2030 年很近了，我们能不能实现碳达峰？关键就是能源结构的转变，我们的能源效率每年都以 3% 的速度在提升，但是提高它受制于什么？我们国家是个高煤的国家，不改变能源结构，能源效率再提高，用处也不大，所以一定要改变结构。

现在煤炭占到我国全部能源的 60%，煤炭相关的碳排放占我国全部碳排放的 80%。用什么替代煤炭？可以用天然气，但是天然气依赖别国提供，我国仍然可能被"卡脖子"，所以我国要发展太阳能、风能，特别是效率非常高的太阳能。我初步做了一些简单计算，如果按照"十四五"期间的速度来降低煤炭的依赖程度，即每 5 年降低 10～12 个百分点，我国到 2030 年就可以实现碳达峰。新能源技术不仅是我国专有，我国还会把这个技术开放给其他国家。我觉得未来世界的挑战不在中国，而是在非洲、南亚次大陆。他们的收入水平还是非常低的，现在要发展，同时也要减排，原来的高碳发展模式行不通，就需要从能源结构开始改变。

因此，中国新能源技术的发展和推进，对全世界特别是对发展中国家来说是一个福音。

第三方面技术就是电动汽车技术，新能源汽车。电动车也像太阳能一样，政府给予了很多补贴。但是基于从太阳能补贴中汲取的教训，太阳能补贴的数额是非常大的，按照我的一位同事的估算，大概在 20000 亿元，但是电动汽车的补贴大概只有 2200 亿元。

这约等于太阳能补贴的 1/10，但是成就非常大。成就大到什么地步？2022 年，我国电动汽车的销量大概是 250 万辆，占到全球的 60%，是美国的 6 倍。相对来说，2021 年，我国电动汽车的销量仅占全球的 40%，因此是非常大的发展。不仅数量大，而且技术领先，首先我们电池技术领先，宁德时代一家就占到全世界动力电池的 30%，而且现在已经在开发钠离子电池，我们现在的电池要用微量元素，微量元素总有一天会枯竭，但钠到处都有，基本上是取之不尽、用之不竭的。钠离子电池开发出来之后成本很低，它的续航里程不高，因为它的能源密度不高。但是续航里程不是问题，现在充电桩已经开始普及，好多居民区和工作单位的地下停车场里就有充电桩。

宁德时代的钠离子电池商用之后，其竞争力不得了。我的预判是，10 年之内，中国的电动汽车会像日本汽车在 20 世纪 80 年代一样横扫全球，特别是在中低端领域。但是，不要以为中国只能生产中低端电动汽车，中国也可以生产高端电动汽车。比如，"蔚小理"的价格远远高于特斯拉，并且销量非常高。特斯拉的销量当然也非常高，但是它也降价到了 20 万元区间。

我们开放引进特斯拉，它真正地起到了一个"鲶鱼效应"。我看了数据，"蔚小理"的暴发性增长就是从特斯拉引进中国之后。现在"蔚小理"一个月的销量为 1 万多辆，车价为 30 万～40 万元，甚至到了 50 万元，我们中国老百姓也买。我不知道大家怎样想，看了数据之后就在想中国人第一次开始相信国产的豪华汽车了，这是一个巨大的变化。

电动汽车是解决碳排放的一个非常重要的手段，未来的几十年，气候变化是一个全世界的议题。中国已经决定加入这个议题，而且要发挥巨大的作用。我们在新能源领域，以及新能源汽车领域占绝对优势的地位，会支撑中国经济相对高速增长。到 2049 年，我国第二个百年目标要实现的时候，是中国又一个黄金时期。

当然我指的黄金时期并不是说经济增速能达到 21 世纪第一个 10 年的水平，而是经济增长会更依赖科技创新，由科技创新赋能，因此我对中国经济很有信心。当然大家会提出一些增长时可能要遇到的问题，最近大家说的最多的就是人口老龄化。现在看来，2022 年中国的人口恐怕就要负增长，因为出生率下降得太多。

老龄化是挑战，但也无须夸大。先看生产线，老龄化当然会减少劳动力供给，但减少劳动力供给不一定就会阻碍中国的生产。这有两方面原因。

一是我们可以延迟退休。现在的退休年龄太早了，女性50岁就退休，一旦把男性和女性的退休年龄都延迟，劳动力供给就不会出现很大的问题。

二是AI的发展会替代很多劳动力，事实上我们很多经济学家担心的不是中国劳动力不够，而是会出现劳动力的结构性失业。像外卖小哥这个行当10年之内恐怕要消失掉，要被自动驾驶所替代。比如，现在去餐馆里吃饭，端盘子的那项工作已经被替代掉，都变成机器人了，机器人跑得很好；你到旅馆里，给你送东西的已经是机器人了，这已经成了一个普遍现象。

因此，我觉得老龄化对于生产面影响不是很大，大家可能会说对于需求面影响很大，因为老年人不消费。我认为这个担心是对的，但是也绝非没有解决办法。我国是未富先老，这反倒是个好事，为什么？因为未来15年我们还要有2亿人进城，进了城之后，消费自然就增加了。另外，我们现在储蓄率那么高，过去十几年我们的储蓄率在下降，消费率在上升，我觉得这个趋势也会持续的。

我们看邻近国家的数据，像日本、韩国都出现过这个现象，搞出口时消费力下降，出口导向结束之后消费力反增。所以，我认为当经济还在发展的时期，老龄化说不定没有那么大影响。

　　我觉得老龄化最大的挑战是社保。当我们这一代人老去时，社保压力会非常大，但社保压力也未必不能解决。事实上直到今天对全国而言，我们整个社保体系还有盈余，只是少数省份出现了亏空。未来整个体系可能都会亏空，但是我们有办法应对，比如，我们已经开始把国有资产划拨给社保基金，社保基金吃国有资产的红利就可以了。国有资产规模有多大？生产性的大概是 30 万亿元，再加上非生产性的 20 多万亿元。因此，老龄化是个挑战，但是不要夸大。

　　还有就是国际环境，有些人说我们的国际环境没有过去那么友好，但我觉得国际环境势在人为。最近这一年多来，国际环境相对来说稳定了下来。只要我们自己抱定一个为中华民族的伟大复兴、争取和平环境的信心去做事，将国际上的有利因素为我所用，国际环境就可以对我们有利。

　　再回到短期，对 2021 年经济形势的判断。我先谈 2021 年下半年的经济增长速度下滑背后的原因，我觉得主要是政策原因。

　　第一方面是防疫加强。2021 年下半年的防疫措施比 2020 年下半年要严得多，这背后的原因就是我们要办冬奥会，这是一个大型国际赛事，我们不得有失，对疫情的严厉管控会对消费产生一定的影响。

　　第二方面是房地产政策。2020 年下半年到 2021 年上半年，经济复苏中一大部分是房地产复苏造成的。政府出台一系列政策防止房地产进一步过热也是可以理解的。

　　第三方面就是减排。由于减排任务，对于煤炭生产是有管控的，但是 2021 年的用电量增长非常快，哪怕是和 2019 年相比，用电量也增长了 15%，这么快速的增长，对于煤炭的需求也得增长。全世界能源紧张，煤炭价格上涨，煤矿又不能多生产，当然就会造成短缺。

我们看到中央经济工作会议已经意识到了这些问题，中央经济工作委也出台了一系列政策。2022 年经济工作的重点是什么？稳增长。稳字当头，有了这句话，2022 年的经济不用担心。

我个人觉得中国经济本身没有大问题，有些小问题在发展中都可以克服。我预测 2022 年的财政和货币政策都会较为宽松，一些限制性的措施恐怕会取消。最重要的疫情应对措施会有所改变，如疫苗，大家都普遍打了第三针加强针。美国已经出现了口服药，中国也在积极地研发口服药，有望在 2022 年春天面世，如果真的出来，当然是解决了大问题。

我认为到 2022 年年中时，开放的可能性非常大。所以，2022 年的经济是前低后高，前半年慢慢恢复，后半年消费会恢复得更快一些。

2022 年的经济增长速度，我觉得达到 5.5%～6% 这样一个潜在增长率水平是完全有可能的。我们现在听到的更多的是一种悲观的说法，但我本人对中国经济保持比较乐观的、向上的看法。

第十七讲　商业进化：从效率优先到社会价值创造

企业作为一种组织形式，其本身的功能和价值也在不断进化。从最早基于降低交易成本的考量，到后续兼顾环境、社区与员工福利，效率与责任的平衡成为企业发展过程中的重要命题。

过去相当长一段时间里，正是这种对效率的追求和责任的完善，不断推动着商业进化和社会进步。伴随着商业与社会边界的融合，企业、经济与社会形态的演化正在面临新的变革。

两年前，181 家美国顶级公司 CEO 在"商业圆桌会议"上联合签署了《公司宗旨宣言书》，重新定义了公司运营宗旨：每个利益相关者都是至关重要的，企业要为公司、社区和国家未来的成功做出贡献。

2021 年，全面实现小康后的中国社会，开启迈向未来的新图景。作为重要推动力的商业主体，在创造经济效益的同时，也将更加注重可持续的社会价值创造，为经济、社会、环境的和谐发展做出更大贡献。

面对新的变革，企业该如何调整自身战略，从为股东创造最大价值的效率优先，到推动美好社会建设的可持续价值创造？企业在进化的过程中，如何寻找适合自身的可持续价值创造路径？对于探索中的企业而言，如何面对可能出现的困难和挑战？

主持人：

刘金松，腾讯研究院资深专家

嘉　宾：

王　淄，元气森林副总裁

张　玉，阿甘锅盔创始人

吕　鹏，中国社会科学院社会学研究所研究员

王　兰，腾讯青腾总经理，腾讯生态合作部总经理

商业环境变化对企业战略的影响

· · ·

刘金松： 从宏观分析，企业如何看待外部环境的变化？这样的变化，对企业提出哪些要求？

吕　鹏： 从整体的发展趋势来看，外部环境的重大变化要求企业更加兼顾安全与发展。也就是说，企业一方面要坚持高质量发展；另一方面要促进共同富裕，履行社会责任。

这个变化对于企业来说最大的要求是，企业要做到兼顾

高质量发展和共同发展，意味着企业要投入共同富裕或者商业向善这样一个伟大的事业。过去，很多人想到常见的企业承担社会责任的一些做法，如出现洪水时企业捐钱、出现地质灾害时企业捐钱，或者搞一些公益项目，这是一些传统公益的做法。

但是，新时代对企业商业向善提出了更高的要求。这涉及一个新的概念——企业社会创新。原来，企业社会责任叫作 CSR（Corporate Social Responsibility），现在我们改了一个说法，叫作企业社会创新，即 CSI（Corporate Social Innovation）。简单来说就是，通过企业创新的产品和创新的服务，实现企业社会责任。在这样的过程中，就是要兼顾企业的经济发展、社会影响力、社会价值等，把企业的生产环节和品牌塑造环节全部打通，企业社会创新的理念，对企业的总架构和商业模式提出很多新的要求。

腾讯可持续社会价值创新，体现了公司愿景，这跟原来的传统社会慈善、社会公益的做法有非常大的不同，实际上是通过商业模式的变革，实现一种可持续的社会价值创造。

王　淄：刚才吕鹏老师的分享给我们很多启示，作为一家年轻的企业，元气森林始终保持青春的活力和前进的动力。除秉持用户第一、传递好产品外，在可持续的价值理念方面，我们也坚持探索和创新。我们认为，在可持续社会价值方面，元气森林有两个重要的使命，一是实现自身的高价值、高质量发展，这是实现共同富裕的根基所在；

二是实现和用户情感连接，用真正的好产品去塑造、去服务美好生活，实现企业社会价值。

这就是为什么在大家耳熟能详的"零糖、零卡、零脂"产品之外，元气森林在 2021 年又正式发布了"三0工厂"战略，即逐步实现"0 防腐剂""0 污染"和"0 碳工厂"三大目标。具体来说，"0 防腐剂"是元气森林从 2021 年年初就正式启动的行动计划，目前已经覆盖我们全部的产能。我们通过革新保鲜技术，不再在饮料里面添加苯甲酸钠、山梨酸钾等防腐剂，实现全程的无菌生产，从而促使产品品质更优，同时也更健康。"0 污染"是指，元气森林通过工艺升级，有效提升水资源利用率，致力于在 2030 年实现生产废水 100% 可循环再利用，同时也向"零填埋"迈进，有效保护水质、土壤健康。"0 碳工厂"是指，现在在我们所有元气森林的工厂里都安装屋顶分布式光伏系统，并不断探索风电、水电清洁能源的使用场景，今年我们第一座碳中和工厂也将在都江堰投产，未来我们要实现全部工厂的零碳目标。

我们积极响应国家关于推进绿色低碳发展、实施"健康中国"行动的号召，制定了面向 2030 年的可持续发展"三友好"战略，同时我们集团也在组织可持续发展委员会，将有创造性的可持续发展价值上升到公司的战略层面，自上而下地贯彻理念、指导行动，推动我们企业长期发展。

通过这些战略目标的落地，我们希望把元气森林打造成行业内绿色标杆，持续向消费者传递有爱又绿色的好产品。

张　玉：阿甘锅盔是一个中国传统小吃连锁品牌，目前我们在全
国 220 多个城市有店铺，新加坡、马来西亚、欧洲也有
我们的分店。阿甘锅盔立志于"小门店大连锁"的发展
路径。在中国传统小吃的发展路径上，我们有哪些社会
创新？我认为来自以下几个方面。

如何吸引顾客？阿甘锅盔在创立之初就发现工业化的
小吃零食已经不受顾客欢迎，我们的初心就是致力于将
传统的小吃零食现场手工化，并且在商场开设门店，便
于顾客购买。

中国的老百姓其实十分注重食品安全。我们对待顾客有
一个关键词叫"高标自立"，就是用行业最高的标准要
求自己。在原材料的选材上，我们持续与行业排名第一
位的企业合作，面粉、猪肉供应商都是世界第一位，强
大的队友为我们的发展保驾护航。在食品加工上，我们
自己建造工厂，通过了行业食品安全加工的最高标准认
定。在物流配送上，我们选择服务国际知名餐饮品牌的
物流企业。这一系列的选择，其实就是为了达成高标
自立。

在商业创新上，有一个词叫先义后利。现在大家都在讲
第三次分配，其实在传统小吃行业，我们更讲究第一次
分配，所以从第一家门店开始，我们就跟员工分享股份，
让他们能够享受到企业发展带来的红利。随着企业不断
地发展，我们还将总部一定比例的股份分享给一部分优
秀的伙伴。

在社会责任价值上，疫情期间，我们积极响应各个社区的号召，出钱、出力，在各个城市里贡献阿甘小吃微薄的力量。概括地讲，对待顾客，我们是高标自立的，对待伙伴，我们是先义后利的，让大家一起享受企业发展的红利。

王　兰：我觉得新的环境，给这种平台型的互联网企业提出了非常多的要求。其实我跟很多腾讯青腾的企业家学员们也经常沟通这个问题，大家也说以前可能倾向于商业优先，首先要思考的问题是怎样给自己的股东、董事会交付一个合理的商业成绩。

但伴随着时代的发展，企业要思考一个更广泛的问题，即社会责任。其实大部分的企业家初步了解这个命题之后，是非常支持的，因为企业家自己建立一个平台型公司，本身就带有很强的愿景和使命，创业初心与社会价值的实现，实际上是不矛盾的。因此，当时代提出了这个命题之后，很多人就会很体系化地去思考这个问题。

从我接触的很多成长型创业者来看，他们会从这几个层面思考这个问题。第一层是从自我做起，在推进商业的过程中、在业务流程中，梳理内部的一些责任流程、法务流程，保证自己的企业是更加合规的；第二层是很多企业除了思考自身，还会思考自身的业务体量能否更多地帮助全社会，也就是说，所从事的业务是否带来了正向的社会价值，会想更多赋能社会的问题；第三个层面像互联网平台，除了能助力更多人，还会思考能否进一

220

步助推科技创新，包括把生态合作伙伴也带入自己实现社会价值的进程。

可持续社会价值创造路径的选择

· · ·

刘金松： 从企业实践的角度来看，在寻找社会价值创造的过程中，如何找到适合自己的路径？在这个过程中，有哪些经验可以分享？

张　玉： 在企业发展实践中，除了连接顾客、连接我们的伙伴，其实还有一个非常重要的群体，就是我们的加盟商。在发展过程中，我们怎样从公司各个系统来支持加盟商，能够让他们在加盟我们的同时，有更好的创业果实，所以我们在商场店、社区店、楼寓店中不断打造示范店，分享给加盟商，希望通过创造更多的盈利模型，陪同和扶持更多的优质加盟商。另外，我们企业这两年专门拿出 300 万元支持 75 位特殊伙伴加盟商，这些特殊伙伴有大学生、转业军人、社会关爱人士等，其实就是怎样匹配他们的资源，能够让他们在企业发展过程中跟着企业一起发展。

刘金松： 刚才你提到针对特殊群体的支持，公司是如何平衡不同加盟商群体的？

张　玉：我们在全国有 22 个"战区"，每个"战区"有两个名额。我们明确定义这三个群体，另有一个总部审核机制，有一些相关的流程，比如在申请时要有相关的证明、村委会的证明，甚至我们要进行家访。

刘金松：元气森林在践行社会价值创造的过程中，有哪些经验？

王　淄：元气森林在寻找商业向善的路径过程中，我觉得最值得分享两个探索。

一是从自身出发，因为我们做饮料食品行业，所以我们始终把落实国家的重大战略作为自身技术提升、战略转型的最好动力，我们进行主动布局，特别是在积极响应国家关于碳达峰、碳中和的重大战略决策方面，进行积极的行动。

我们将绿色低碳作为创新型企业的重要发展方向，从元气森林成立的第一天起，从瓶身到包装全部采用环保材质，同时我们还在努力实现 100% 绿色工厂建设、100%水资源利用等，目的是跟国家一起倡导低碳节能绿色生产，也向消费者传递绿色消费的概念。

二是在工业技术方面，我们积极响应国家号召。我们建设的五个工厂，全部采购国产设备，这个做法也带动了饮料行业的创新突破。我们始终选择全自动无菌生产线，现在这个是行业最高标准，我们也希望通过自身的发展，带动供应链上下游的升级。总结我们的探索，我觉得就是企业要有积极创造可持续社会价值的主动性。

刘金松：对企业来说，做可持续社会价值创新是一个长期的事情，消费者的感受可能并不是那么明显，你怎样看这样一个过程和反馈呢？

王　淄：这是一个企业对自己的要求，同时我觉得我们下一步要更好地跟我们的用户做好价值连接，我们的主要用户可能是"90后""95后"，他们对环保的诉求非常高，环保是一个非常重要的IP。如果一个企业不断推进可持续发展和环保战略，这群消费者就愿意跟这个企业一起成长。

刘金松：在腾讯青藤平台上，有很多成长型、创新型企业，作为腾讯赋能产业生态的学习平台，如何连接更多企业加入可持续社会价值战略？

王　兰：腾讯在可持续社会发展或者Tech for Good这件事情上的做法，我觉得是非常好的。第一，它自上而下地提出了科技向善这一使命愿景，把它作为一个自上而下的价值观，让全体员工自发地思考怎么去结合；第二，成立SSV这个部门，牵头去做多个联合项目和实验，同时鼓励SSV和其他业务团队合作，共同探索可持续社会价值的方向。

从青藤的角度，青藤是腾讯希望"助力实体经济和产业生态"的一个非常好的学习平台。我们从很早的时候就在跟SSV团队、腾讯研究院的同事们一起探讨，青藤在其中的责任和担当。2021年3月12日，我们第一次提出了公益的倡导——可持续社会价值应该是每一个企业家的"必修课"，青藤希望用学习平台发声，号召整个生态和行业中的企业家意识到这件事的重要性，唤醒他们的意识。

2021 年，青腾倡议大家聚焦青少年教育问题，因为从某种程度上我们也是在做知识平台，我们认为每一个创业者和企业家，他们个人的成长经历及寻找自己的事业和梦想的经历，在很大程度上可以激励青少年群体。

另外，青腾一直在跟各大高校合作，我们也联合发起"可持续发展"专题的班级，学员能够通过这个班级全方位地了解乡村振兴、低碳行动、科技助老等理念和活动。很多学员表达了对这样一系列命题发自内心的拥护和积极思考、了解的愿望。作为腾讯来说，可持续社会价值创造的议题不仅要从我做起，也希望能够影响更多合作伙伴和企业家，青腾还希望在这里面多做属于我们的思考和贡献。

刘金松： 我们请吕鹏老师来给我们做一个分享，在商业的进化过程中，企业怎么选择适合自己的路径，新的商业进化会对经济发展产生哪些影响？

吕　鹏： 讲到商业向善，我们在调研过程中发现很多企业找不到抓手。做得不好的企业的特点是漫天开花、什么都做，做得好的企业最明显的一点，包括我们在《寻找座头鲸》报告里讲的，这些企业的商业向善跟主营业务、自身优势是密切相关的。

第一，企业的商业向善，在我看来是一个系统性的工程，需要把人力资源、公共关系、企业社会责任等多重资源

组合起来，探索商业向善的方向。很多互联网公司目前
都在推进这样的活动和创意，通过这样的机制设计让企
业员工参与到商业向善过程中，他们开发很多小的产品，
一开始可能就是一个默默无闻，甚至看上去不挣钱的小
项目，但这种实践性的项目把员工发动起来，可能以后
就会成为非常有意义的项目，如腾讯的为村、阿里巴巴
的蚂蚁森林。另外，最重要的还要动员企业领导参与，
如果商业向善行动不能把企业领导动员起来，那这不是
一家公司的商业向善，在很大程度上会成为一个形象
工程。

企业在践行商业向善的过程中，还要把客户关系端，尤
其是面向 C 端的用户群体，纳入商业向善的品牌范围。
我们要聆听客户的声音，跟他们有情感连接和行动连接，
还要保证他们的客户权益。对互联网行业来说的一些隐
私算法，对消费企业来说的产品质量，都是非常重要的
社会责任。

第二，在公司治理架构上我们能否做一些调整，在公司
治理结构、公司的使命上我们能否做一点儿事儿，或者
成立可治理可持续发展委员会。

第三，在政府推动的重大项目或行动中，企业如何把自
身的商业向善行为融入国家行动？比如，环保，一些饮
料企业像星巴克，他们参与中国的河道治理，很多企业
都参与这个活动，有一些企业的负责人还成为河长。

如何面对可能出现的困难和挑战？

· · ·

刘金松：从效率优先到社会价值创造转化的过程中，企业怎样面对这样一个挑战？

王　淄：元气森林作为新消费行业，最大的挑战是如何做好品牌沉淀。刚才吕鹏老师说如何与用户更好地建立情感连接，给他们一个正向的价值传递，这其实就是我们常说的用爱让用户成长。元气森林并不追求成为网红品牌，但是所有伟大的企业一开始都是网红，顺应了时代和消费者的要求。当年的谷歌、飞书、Facebook 都是网红，那个时代还有很多其他的网红企业，大部分企业的实力跟不上就被淘汰了。是否网红不重要，重要的是如何让企业不断沉淀，成为真正可持续发展的国际品牌，这也是元气森林作为一家年轻企业要长期思考的问题。

我们一直坚信中华有为。元气森林作为一个代表民族品牌的新消费品牌，能够成长起来就是因为年轻一代的消费者对文化是有自信的，正是因为这个文化自信才支持了我们中国品牌，相信它以后也会登上世界舞台，中国市场、中国消费者是推动我们实现这一目标的坚实动力。这就是为什么过去两年，虽然新冠肺炎疫情肆虐，元气森林还是勇敢“出海”。目前，我们的产品已经到达美国、新西兰、新加坡等 40 多个国家和地区，而且受到当地消费者的喜爱，未来我们也会坚持服务全球的理念，为全球消费者提供更多、更好的绿色健康产品。

在全球事业里，向伟大企业学习，同时做好品牌沉淀，跟消费者建立正向的价值连接，在这方面我们还会面临很多挑战，还有很多值得跟前辈、同行学习的地方，也希望继续得到大家的支持，让元气森林更好地成长。

张　玉：阿甘锅盔这个品牌已经有 8 年了，虽然我们在做走进顾客、靠近顾客和创造顾客的事情，但是我们还是要重新学习怎么样向新的消费群体介绍我们的品牌、传播我们的品牌精神。我觉得阿甘锅盔希望跟年轻一代沟通，我们讲吃"盔"是福，怎么样让年轻一代有"盔"必吃？另外，就是性价比，我们希望通过完善自己的商业模型，最终实现走进千家万户，让我们的顾客随时都能找到我们。

餐饮行业属于服务业，是一个服务密集型的行业，我认为最大的挑战来自人，加盟阿甘锅盔只需要 8 万~10 万元。面对的这样一个群体，他们一是缺少社会资源，二是缺少知识沉淀和专业能力，三是缺少资金，我们的挑战就在于怎样能很好地激发、培训加盟商。特别是在疫情下的这两年，加盟商要靠一个小店生存下去，公司需要提供一些灵活的政策。

刘金松：怎么激励员工去实现这样的目标或者愿景？

张　玉：我们对人的要求非常高，尤其是技能这块，因为我们是现场手工制作全球最薄的带馅锅盔。我们早期发展到第四年的时候就建立了阿甘商学院，每年有线上教育、现场教育，针对不同的伙伴，我们有理论和实操的课程。

有一些阿姨甚至不认识字，要告诉她怎么样对待顾客，我们也做了一些教学视频。

在企业发展过程中，首先要有完善的企业制度，其次要有文化价值观的牵引。我们公司内部有个专门的队伍，每个月都要去每家店稽查，同时我们也会邀请神秘顾客对我们每家店进行系统性打分，从管理上，进行强有力的管控。我们餐饮行业这群人很纯朴，如果组织能够通过组织架构、培训系统、盈利模型、成功案例给他们一些培训晋升发展的路径，他们最终会做得很好。

刘金松： 企业要实现商业向善的目标，从人才方面有哪些措施？我们请元气森林的王总做一个分享。

王　淄： 元气森林是一个很年轻的企业，像腾讯、阿里巴巴这样的公司，一直是我们学习的目标。我们最近在组建集团的可持续发展委员会，从治理架构上，保证我们的可持续社会价值上升到公司战略层面，这就是一个系统打法。元气森林 CEO 本人对可持续发展也高度重视，我相信只有这样才能推动企业长远发展。

元气森林虽然有互联网思维的底色，但还是一个传统的食品饮料行业。作为一个食品饮料企业，在可持续发展、社会价值方面，我们会承担更多的社会责任，无论是每一瓶饮料，还是每一个生产环节，好产品本身都是要对用户负责。

我们希望通过产品跟我们的用户共同成长，我们觉得 Z 世代是有更高价值诉求的。我们注重用数据说话，收集用户反馈。未来，在可持续社会价值创造方面，无论是在治理结构上，还是在整体战略搭建上，都会上升到更高的战略层面，整体协同推进，这样可以让企业更好地行稳致远。

刘金松： 从社会视角看，一个企业追求社会价值创造，是否对消费者会更有吸引力？从长远角度看，做好这件事是否会更有竞争力？

吕　鹏： 社会价值创新，是一个说易行难的事情，我想 90% 的企业领导都不会说他的公司只为了赚钱，特别是中国有这样一个文化传统，大家认为中国的企业就应该做到经济利益和社会价值并驾齐驱。

但是在实际操作层面上，事情就变得比较复杂，有很多难点，比如企业自身的难点，在资金充足的时候，做社会价值创新容易，但我们知道现在很多企业资金不是那么充足，这个时候，该如何取舍？再如，CEO 的时间精力分配，是去参加社会性活动，还是更多地从事经营生产？

外部环境也很复杂，我们讲社会价值，社会是多元的，有些价值我们都认可，大家没有疑问。但有些事情大家的看法就很不同，这对企业来说是一个很大的挑战。所以，在操作层面上需要一事一议，针对具体的场景来讨论。社会价值的难点就在这个地方。

对于企业来说，要想把商业、用户、社会价值真正做大，对企业治理能力是一个非常大的挑战。一家坚持社会价值创新的企业，肯定会得到社会的认可，在商业上也会得到回报，解决了社会问题，回应了社会痛点，创造了成功的商业模式，当然能获得回报。但在微观层面我想讲的是，企业到底解决什么价值？在品牌建设上到底做什么？我觉得需要针对具体的场景、具体的人群、具体的产品考虑，我们的社会越来越多元，对企业的治理能力是全新的挑战。

刘金松： 下面请王总分享一下，在和青腾学员企业互动的过程中，企业在创造社会价值方面，遇到的共性挑战是什么？

王　兰： 所有人都意识到，企业的长效发展必须思考企业对整个社会价值的输出和贡献，更多人可能有这样一个愿望，寻找自己要做什么。其实每个企业都有办法，出钱、捐赠、资助都是很直接的操作，核心是要找到业务体量中哪些东西是可以修正为更加持续发展的，以及企业可以做到什么程度。

有些人可能把企业创造社会价值理解为一个比较窄的点——公益，会有一些长期的项目，当这件事上升到一个企业社会价值的角度时，人们会更加深度拆解产业链条中可以优化的地方，会更多地结合自己的业务去发起一些新的项目，而这个发起的过程也是一个自我寻找的过程，我觉得这是非常关键的一步。当你发现了一个可能与业务结合非常强的点，企业的发展和社会价值两方面就都会有一个好的效果。

我平时也跟很多企业家交流，大家也在思考很多合作和联合的方式，如食品企业，可以发力的点比较单一。在乡村振兴方面，食品企业可以帮他们解决一些食材销售，但是要全面振兴一个乡村的时候，不仅是单点的发力，有时候我们经常会去帮助企业跨界，共同发起一些项目，让大家在资源和能力上进行互补。

在这种情况下，每个企业在可持续发展上所做的举措都会更加丰富多元，想象空间也会更大，在某种程度上能够给他们自身的业务带来更多的想象空间和增量。这可以算挑战，但从某种程度会转化成每个企业思考这个问题的一些新的机会点。

刘金松：下面我们请元气森林的王总分享一下，在应对企业推进社会价值创造方面可能存在的一些挑战，以及元气森林怎样和消费者产生情感连接？

王　淼：元气森林是一家"用户第一"的公司，"用户第一"体现在哪里？一方面，我们给用户生产好产品，好产品在饮料行业很简单，体现在配料表上，我们是中国饮料企业里第一家大规模启用赤藓糖醇的公司。赤藓糖醇是一种相对天然、高级的代糖，价格要比人工代糖高，我们用还是不用？如果新的代糖对消费者更好、更安全，为什么不用呢？因此，我们用零糖、零卡、零脂生产出来的产品，定价可能更高。

我们也看到年轻一代消费者会选择真正对他好的产品、真正用心陪伴他的产品，价格不再是他们首要考虑的要素。不仅在中国，在全球市场我们也坚持这个标准，我觉得以后的中国品牌，也应该代表高品质，通过好的原料、好的产品，陪伴全球的用户成长，这也是用户对我们的要求。

元气森林的"用户第一"体现在我们的产品从配料到外包装不停地向用户做调研，根据用户的调研随时调整，以前很少有饮料企业先做调研小规模投放，用户都非常喜欢才会大规模投放，在小规模的投放测试过程中，我们会根据用户的喜好，随时调整我们的外包装，跟用户进行无数次的互动，他们的数据给了我们很多支撑。

在新的商业环境下，最重要的是要懂用户，真正与用户建立价值连接，不要从企业的视角去想象用户，互联网时代新的数据手段给了企业很多新的平台和方式，能让企业更懂用户，先在真正懂得消费者的痛点和需求之后，再去倒推设计产品，可能是未来新的商业环境下所产生的新的商业模式。

第十八讲 "智慧应急"的未来图景：数字技术助力社会化应急的七项议题

对城市来说，无论是疫情的黑天鹅，还是暴雨之类的自然灾害，在传统的救灾应急体系之外，互联网工具正在发挥越来越大的作用。回顾历史，从"非典"到汶川地震，再到新冠肺炎疫情，每一次灾难都是对社会应急能力的一次考验。

而在一次次的考验中，整个社会在应急动员、资金筹措、救援信息的供需匹配、救援队伍保障与协作等方面不断完善和提升。数字化技术和工具的连接与赋能，成为救灾中不可忽视的力量。应急体系数字化的进程，也是数字技术创新、产品模式升级的缩影。

但我们同时也可以看到，"通过互联网凝聚社会化应急力量"也面临着很多现实的痛点。在未来灾害风险日益增大、安全与发展日益重要的背景下，需要着眼于未来，与行业生态各方共议、共建、共同去面对社会应急的时代命题。

"应急体系数字化—社会共建与大众连接"专题论坛，聚焦探讨关于数字技术助力社会化应急的七项议题。

主持人：

　　孙怡，腾讯研究院社会价值创新研究中心

嘉　宾：

　　李雪峰，中共中央党校应急管理教研部教授、中国应急管理学会常务

　　张　强，北京师范大学风险治理创新研究中心主任

　　陈海鲤，美团风险管理委员会应急指挥中心副主任

　　刘洲鸿，腾讯公益慈善基金会副秘书长

　　滕　超，腾讯可持续社会价值事业部应急平台项目负责人

　　　　议题1：如何有效行动？灾情"大考"下的互联网企业
　　　　在行动。

孙　怡：面对2021年的灾情"大考"，互联网企业如何应用数字
　　　　技术助力应急管理？如何通过线上线下资源调配助力
　　　　救援？基金会、民间救援机构如何在相对庞杂的机构之
　　　　间给予对接、协调和支持？腾讯第四次战略升级，将可
　　　　持续社会价值创新作为公司新的战略方向，有哪些切入
　　　　点、探索和实践？

刘洲鸿：腾讯基金会一方面提供捐赠资金，另一方面通过技术优
　　　　势来参与、支持救灾。在资金方面，基金会向河南水灾
　　　　捐赠1亿元，联动10家基金会支持民间救援队，对于
　　　　专业救援队伍缺乏的物资和装备，通过大的公募基金会，
　　　　凝聚社会救灾组织进行筹款。

同时，腾讯公益平台迅速上线筹款项目，将普通大众和受助的灾区连接起来，整个河南灾情有 960 多万人次参与，筹款总金额接近 5 亿元。

此外，腾讯也利用核心技术优势为公益救灾提供支持，腾讯文档打破信息不对称，不到两天时间就有超 650 多万人浏览。腾讯基金会联合腾讯微保，为 5000 多名志愿者提供保障险种，最高赔付 30 万元。

滕　超：应急和社会民众的生命安全息息相关，腾讯通过自己的技术能力、连接能力，第一时间帮助大家。应急的意义非常重大，近年来各种灾害时有发生，腾讯在这方面还有很大的价值可以发挥。从汶川地震起，腾讯就一直在积极地支持社会应急工作，通过这次战略升级，希望把事情推到一个更高的高度。

就未来应急工作的切入点而言，腾讯将结合自身的优势，作为官方能力的一种补充。第一是连接人的能力，让每一个人都能够加入应急事业；第二是借助产品和技术，找到更高效的应急方式。腾讯将会从多个维度助力社会应急的各个方面，尽可能地把拥有的能力打包带给群众，在应急的时候发挥出相应的作用。

陈海鲤：在河南暴雨应急及救灾工作中，首先，美团成立公司层面的河南暴雨应急专项组，在公司总指挥部下面每一条业务线都设立分指挥体系，总指挥部负责整体策略方向和资源调配，分指挥体系负责具体业务线的救灾工作。

其次，美团把线下资源汇集展示到线上，然后用线下资源去提供救助；同时迅速和河南省防疫指挥部等建立联系，及时获取更多线下实际需求，最后通过线上线下的资源整合，直接落地给最需要的地方。

总的来说，在这种应急的场景下，美团平台聚合救助的资源和力量，全公司内部通过应急救援指挥体系和外部的政府、社会力量产生充分的互动和联动，及时匹配实际救助需求，使这些资源通过美团平台产生更大的价值。

李雪峰： 从未来发展形势来看，数字化协同、数字化整合必然会成为应急管理体系的发展趋势，这种趋势是社会力量的倒逼，也是国家应急管理"十四五"体系建设规划所要求的。在数字化平台、数字化治理的体系构建过程中，需要将社会力量整合起来，让这些力量有机会与相关的政府部门一起发挥作用。

张　强： 未来，随着灾害不确定性影响越来越广，更需要通过数字化连接不同的社区，共同建立一个协同防线。这个防线不仅要出现在非常态化的应急救援状态下，更应该出现在常态化的应急管理全过程中。每一个公民都应该去参与，并通过数字化让它更具效能、更有指向性，体现它的集合效应。

　　　　　议题2：如何社会共建？社会力量参与应急的痛点与机会。

孙　怡： 社会力量如何参与应急救灾的过程，会面临哪些痛点和堵点？

张　强： 在河南和山西暴雨这些灾情的应对中，首先要肯定社会力量参与发挥的积极效应。仅从初步的相关部门统计数据来看，河南"7·20"特大暴雨应对中参与的社会应急力量达 15 万多人，其中有 540 多支社会应急救援队伍在抢险救援、抗洪排涝、物资运转、灾后的防疫消杀等方面发挥着积极动能。

如何利用数字技术解决应急救援的痛点，可分为以下三点。

第一，对灾情的感知：救援队伍去哪里？如何参与救灾？这些资源与需求的信息是动态的、变化的，如何在多元复杂的信息流之间判断灾情的需求，不仅对社会应急力量的参与，而且对当地政府的应急指挥能力同样具有挑战性。

第二，应对的有序性：由于队伍的多样化，在救援现场会出现三方（被救助者、社会应急力量、政府部门）之间信息的不对称，存在信息盲点，要想实现动态的有序协同其实非常困难。

第三，参与的有效性：救援队伍如何在救灾现场开展标准化工作，救灾物资及社会力量参与的相关信息如何有效对接，如何针对性地解决灾害应对中的痛点问题，这就要借助数字化的手段去弥补且发挥作用。

中国应急管理体系正在建立一个统一指挥、专常兼备、反应灵敏、上下联动的应急管理体制，社会力量的参与不仅得到了老百姓的认可，也得到了政策部门的积极肯定。

议题 3：如何可持续行动？行动复盘和路径探索。

孙　怡：未来，如何形成一种可持续的数字路径去推动社会化应急体系的健康发展？还需要考虑哪些应急救灾的应用场景和痛点，可以通过数字技术和产品解决？

滕　超：在 2021 年的救灾过程中，可以看到当前互联网救助工具的一些不足及改进方法。

第一，在应急场景下，产品本身越简单越好，不仅体现在产品的功能界面上，也体现在触达用户的方式上。未来，开发应急产品或者在灾害应急开通互联通道时，首选的主要手段是当前几家社会上认知比较成熟的产品或者简单易用的小程序，这样可第一时间帮助大家进行信息上报。

第二，在整个应急救援过程中，科技在赋能救援队、社会组织等信息传输和助力整个应急救援体系上，仍有优化空间。面对庞大复杂的救援信息，未来可以通过技术手段更好地去选取或过滤。在信息传递和组织管理中提供更优的配套工具和"一站式"解决方案，从而让不同背景的应急人员方便使用。未来，上线的产品要尽可能多地考虑易用性。

陈海鲤：从 2021 年救灾中总结出以下两点：企业要和救灾机构加强日常联动，增强日常能力储备。灾情发生时需要听取专业机构的建议，同时配合政府部门与社会力量共同进行救灾行动。在企业方面，需要研究各类场景下救灾方式并形成预案，建立一套应急救援机制，找到更适合企业自身的救灾方式。

比如，美团正在梳理应急资源包，把平台上各类资源在应急场景下的供、需、送的渠道理清楚，建立一个应急救助联动机制。同时，美团还计划引导平台上的生活服务类商家，提供一个类似"避难所"的功能，比如，提供餐食、床位、饮用水和药品等服务。这样，有避难需求的人可以实时查看这些信息，取得联络并获得救助。再如，美团买药的业务，在应急时期可联动平台上商家提供免费买药和社区医疗服务信息，提供药品捐赠、社区问诊及免费伤口包扎等医疗服务。

在这个过程中，需要考虑商家是否有能力和资质去承担相应的应急救灾，以及商家参与救助的意愿和持久性，通过评估调查，平台可以给出激励政策以提高商家意愿度，同时促使更多的平台商家加入。在美团平台上可以投入救灾的场景和资源还有很多，如到家业务、到店业务，会在后续的产品功能开发和救灾的物资储备上进行优化和迭代。

刘洲鸿： 救灾过程中的数字化工具会对提升社会组织间的高效协作发挥巨大作用。当然，这种数字化不能仅停留在紧急救援阶段，还要发挥腾讯的技术优势，通过数字化为慈善组织赋能。

对于公益组织，数字化涉及方方面面（项目管理、筹款、运营、财务），不同机构有不同的业务需求，数字化的差别也很大，需要有针对性地开发。公益组织进行数字化后的后续开发、服务等也会面临很多问题，需要多方面地去了解、去解决。

议题 4：如何前沿探索？"智慧应急"的未来图景。

孙　怡：应急体系数字化，有哪些可展望的探索性前沿技术应用？

李雪峰：在数字时代中，数据既指小数据也指大数据。小数据是指在应急抢险救援过程中更强调精准到个人的有针对性的救援，大数据是指政府应急指挥层更需要以大数据为基础进行精准的决策。相对于政府关注面上的救援任务，基层实施救援更需要关注人的感受、关注社会的评价。

数字时代应急管理强调人本应急、精准应急，需要建设智慧应急体系，用新时代的信息技术支撑应急救援工作。

滕　超：在灾害应急场景下，网络、通信信号是非常差的，未来可考虑通过类似无人机或者临时基站的方式搭建暂时的信号连接。

现在很多应急的需求还是依赖文档或者小程序去发送，但一个人遇到紧急情况时是难免慌乱的，不一定有机会通过移动设备发出求助信息，而可穿戴设备或者智能摄像头等硬件，可能会成为高效便捷的传输渠道，将信息传递给相应的救援方。

另外，在灾难发生之前，预警的硬件终端设备信号如何第一时间传达每一个人，除了软件的解决方式，也有一些硬件终端的解决方式，包括灾后的物资调配，可以寻找更具有科技感的解决方法。

张　强：在加大信息产品的产品化时，需要根据不同灾害的个性特征及不同灾情程度进行风险研判。人工智能和各方面的专家如果能够嵌入应急管理尤其是灾情信息的研判和传播过程，可提高民众对灾情的认知。

智慧应急背后的核心概念是"见微知著"，比如，在智慧应用层面，当整个城市进入全景式的灾害状况时，如何判断一些关键节点之间的关系？如何构建一个互联网或者人工智能的智慧预警模式？如何尽早感知灾情风险并加强防线的构建？

此外，现实中一个非常大的痛点在于发布的预警信息如何引起大家足够的重视，是否可通过运营商启动一些硬件上的强制推动措施，还需要进一步的探讨。

最后，通过干预人的行为及对其进行更多的行为研究，如保险、灾害意识培养、加强数字与金融产品之间的连接，应该可以带动更多的社会力量参与进来。

议题 5：如何防患于未然？如何培育社会安全文化？

孙　怡：如何倡导推动整个公益行业、民间力量，在应急管理链条持续关注、均衡分布？如何提高大众应急救灾、安全方面的知识储备及技能？

刘洲鸿：有研究数据显示，在减灾预防方面投入 1 元，就可以减少 7 元的损失。

首先，在减灾预防教育方面，除了紧急救援，腾讯基金会也在支持一些专业的民间救援队伍进入社区、学校，进行减防灾教育，增强社区减防灾的意识和能力，搭建韧性社区。

其次，要增强救援队伍专业性建设，支持他们的日常训练，还要在公益平台上线日常捐筹款项目，解决训练或救灾中经费不足的问题。同时，在公益资金流向上除了应用在紧急阶段，还在灾后重建、心理援助、基层医疗设备方面提供帮助。

最后，在提升城市的数字化防灾能力方面，腾讯基金会也会提供支持。

李雪峰：河南"7·20"特大暴雨，腾讯共享文档创新了灾害治理的响应方式，实现自动化、社会化的匹配。社会化风险治理与平台化风险治理两者相互结合促进，进一步提升了整体应急效率，促进了全社会共同关注、共同应对灾害。

平台化的风险治理，一种是官方的应急管理平台，另一种是企业支撑的平台，如高德地图、腾讯地图。后者在参与道路交通安全或灾害救援中起到社会化参与风险点标注的功能和作用。未来，如果公众发现了身边的安全风险，可以到政府或企业提供的平台上进行标注。而它的真实性可通过制度设计和相应的技术支撑验证，例如，政府可以通过防火墙和 AI 识别机制等识别其真伪。

张　强：目前，我们在防灾减灾自救意识和能力上存在较大不足，如何推动我国人民增强自救意识、提升自救能力，还面临着多方面的挑战。

首先是"教什么"，如何在常态下进行知识供给。因灾害不具有相同性，这意味着经验不能够简单复制，教的不再是简单的公式，而是一些基本原则，使学习者可以在千差万别的灾害情景下主动应用，是一种内嵌式的能力意识。

其次是"如何教"。过去的教育基本是简单的知识点传播和比较僵化的记忆训练，有演练也往往"演着练"。这些年各界在不断地尝试各种方法，甚至用戏剧的方式让儿童不仅吸收知识点，同时激发他们对于问题的理解，并能够传递出来。

最后是"谁来教"。是用传统的教师还是分管安全的管理人员，甚至是社会组织的外部专业人才，如何制度化地推动，这是一个很大的问题。更难的问题是家庭、社区、学校之间如何联动。

通过数字化赋能以上三个方面，在应用数字化的方式开发有趣教程的同时，如何兼顾农村儿童，这些都值得期待。

议题 6：如何统筹乡村振兴与安全发展？

孙　怡：乡村地区的应急能力如何加强体系建设，有哪些切入点？

李雪峰：没有乡村防灾减灾能力的提升就谈不上乡村振兴，也谈不上把乡村和发展落后地区拉到共同富裕的轨道上来。

在参与乡村地区防灾减灾方面,互联网企业可以和当地政府合作,比如,针对不同城市、不同地方开发一些小的 App,先把偏远地区的小型应急平台做起来。

另外,当一些地方还没有能力和意识去做精准化的针对性的平台时,互联网企业可以提供通用化的平台,如腾讯地图。通过当地百姓自觉使用先形成局部的风险地图或科普宣教平台,可作为一个过渡的、相对粗糙但是基本可用的解决方案。

张 强: 在乡村振兴的建设中关注安全发展,涉及整个乡村的建设规划。同时,作为一个基本的公共服务,如何通过数字赋能解决城乡之间存在的数字鸿沟,可从以下方面进行考虑。

第一个方向,在新农村新基建方面,如何在基础设施的感知上、在风险的预警预测上,实现对地形复杂区域的有效监测预警。

第二个方向,在通过数字方式连接推动创新"裂变"方面,比如,在农村建立参与式风险数字地图,同时对村里的信息员、应急志愿者等灾害第一响应人开展多种形式培训、日常分享并传授知识。

第三个方向,关于农村智能化在家庭、学校和社区之间的联动方面,比如,实施家庭减灾计划,因为中国农村移动终端的普及率非常高,通过电商等数字技术提升群众在个体和家庭层面对灾害风险的可见性和参与度,提升社区连接性,推动韧性社区建设。乡村在这一方面的需求空间巨大。

议题 7: 如何能够更好地进行政社协同?

孙　怡: 应急管理的全过程需要遵循政府的统一支配和协调，对于科技企业和社会力量，如何更好地融入政府应急体系?

刘洲鸿: 中国在社区治理方面做得非常严密，在社区网格化模式下的治理格局是由政府负责、社会协同、公众参与的一种模式，在未来社会应急方面可以考虑建立所谓的社区化网络，将应急体系并入社区治理,让政府、社会组织、公众都能更好地发挥作用。

陈海鲤: 通过美团在河南"7·20"特大暴雨应急中的复盘，我们更确信，企业要和政府及相关的社会机构保持充分互动才能获取足够的信息源，更好地跟政府进行联动和协作。比如，美团与河南省应急救援消防总队的合作备忘录，将促使双方在有需求的时候形成更顺畅的资源协调落地和需求调配。未来，美团将尝试与政府机构在事前建立更顺畅的对接渠道。

李雪峰: 从政府方面看，应当着力培育和维护一个智慧应急的行业生态，包括公平的准入制度、标准化或者规范化的行为规制，智慧应急生态的维护是发挥社会各方作用的一个关键。

张　强: 在灾害面前，各方企业和社会组织、基金会依然存在很多挑战，未来需要考虑从企业、社会组织、基金会等各方面，以社会创新的方式实现几个方面的连接，把每个人的效能都整合进来。这对企业的可持续发展、基金会长期基础性的参与、社会组织和社区的战略性升级都有重要的助推作用。

最后，参会嘉宾总结了应急数字化社会共建的期待。

李雪峰：数字化减灾，人人参与。

张　强：期待数字化能够打破组织间的传统藩篱，能够创新连接多元主体，能够共同构建一个更具效能、更具温度的安全网。

陈海鲤：期待后续可以联动社会各界力量推进应急管理的常态化，在数据和技术的赋能下提高风险监测的能力，提高应急响应救灾效率。

刘洲鸿：发挥互联网企业基金会的优势，做用户、公益机构和受助者之间的连接器，成为美好生活的串联者。

孙　怡：正如开场时所说，数字技术助力社会化应急体系建设是一个非常长线的话题，希望几年之后再复盘这一话题之时，已经从发展的一些不确定性，慢慢走向未来的美好愿景和蓝图，并为社会带来一些切实可感的改变。

最后，再做个预告，腾讯研究院、腾讯基金会、腾讯SSV 后续会在这个议题之上进行持续对话，挖掘真问题、碰撞真方案。腾讯研究院也将于近期推出相关研究成果，敬请期待，有任何想交流的话题欢迎后台留言探讨。

第十九讲　社会价值创新，共创才能做成事

哈罗德·鲍温在 1953 年写就的《商人的社会责任》一书中，第一次提出企业社会责任（CSR）这个词，彼时美国社会正面临着劳工薪资失调和工业污染导致的环保问题。

当前，更多企业在积极践行和探索企业社会责任新的可能性。腾讯早在 2007 年就成立了企业公益慈善基金会，紧接着便推出了连接慈善和公益事业的互助平台，举办了"99 公益日"等慈善活动。2021 年，腾讯又成立了可持续社会价值事业部（SSV）。

面对这一全新领域和议题，如何才能实现可持续社会价值创新。"企业价值之路"的研讨，邀请了来自不同领域的从业者，分享他们的思考和探索。

主持人：

　　李　刚，腾讯研究院副院长

嘉　宾：

　　陈菊红，腾讯公司副总裁，可持续社会价值事业部负责人

　　吕振亚，中国新闻周刊社长，中国慈善家社长

　　朱恒源，清华大学经济和管理学院教授

李　　刚：请问三位听到 SSV 这个词后的第一印象是什么？请用一句话描述。

陈菊红：对腾讯这样一家秉持着"用户为本、科技向善"的公司来说，我首先深感责任重大，推动社会的可持续价值创新对腾讯而言，一直是一个充满挑战而又具有不凡意义的事情。

吕振亚：因为科技向善早就成了腾讯基因的一部分，所以当腾讯提出这样一个升级企业社会责任的举措后，我觉得这是一个顺势而为的必然之举。在了解 SSV 的内涵后，我觉得腾讯早已跳出了简单的工作迭代升级，而是进入了一个全新的战略，对腾讯来说可以说是一次重新出发。

朱恒源：我希望 SSV 在以腾讯公司内部一个组织体系的方式，践行可持续的企业社会价值创新的同时，可以扩大其公益范围，将商业创新和社会价值结合起来，发展出一些可供借鉴的通行模式。我更期待未来腾讯能更好地践行应有的企业责任。

李　　刚：SSV 的成立极大地提高了腾讯人的整体荣誉感，并且 SSV 投入了 1000 亿元用于系统性地探索科技向善和助力社会共同富裕这件事已经引起了社会的广泛反响。**请问 SSV 今年做了哪些有益的探索，目前的进展如何？**

陈菊红：可持续社会价值事业部今年在社会价值可持续发展、科研探索和腾讯公益平台未来发展升级三个方面做了积极的探索。首先，腾讯在第一个价值 500 亿元社会价值可持续创新计划中就谈到了乡村振兴、碳中和和公共应急等问题。面对乡村振兴这样一个复杂的系统性工程，腾讯选取的破题角度是"人才振兴"，尝试以"人才振兴"破题"乡村振兴"。

以大家都比较了解的"耕耘者计划"为例，腾讯会和农业农村部及其他社会力量一起合作，探索如何提升乡村治理骨干和产业发展带头人自身的能力，让其带动乡村实现产业兴旺和乡亲们的共同富裕，并在这些带头人之间形成一个良好的互相学习、互相竞争的氛围。腾讯会在其中利用自身的技术优势介入和参与这个探索过程，并发挥应有的作用。

除此之外，碳中和和公共应急等领域都沿着这样一个路径去探索：让一个架构好的想法和新的实践模式同时运行，运转一段时间后再看看是什么样的结果。

另外，对于腾讯公益平台，腾讯的主要目标是打通捐赠者和受益人及整个链条各方的信任，让其能自主、持续地发展，腾讯在其中可以通过提供技术解决方案、统筹各方力量解决问题的方式参与进来。在这个过程中，无论是技术还是思路方法的创新，都是腾讯一直关注的点。

李　刚： 吕老师，您认为 SSV 与传统慈善有什么不同的地方？

吕振亚： SSV 与传统慈善最大的不同在于，腾讯将以自身科技和互联网的属性加持，重新诠释做慈善的新思路和新战略，加快传统慈善模式的全面升级。目前，传统公益慈善行业的数字化基础是比较薄弱的，腾讯的入局，能为其提供新技术和新模式的助力，从而为传统慈善数字赋能，提高该行业的运行效率，扩大其社会参与度和影响力。

李　刚：刚刚，陈总从企业社会价值创新的角度，讲了一些腾讯 SSV 在不同领域探索的一些方法与思路。朱老师，对此，您觉得这其中有何现实意义？

朱恒源：首先，新型数字化技术可以帮助企业更好地践行社会责任，推动社会全面创新与转型已经是一个公认的事实。反过来，社会的发展与进步能为企业创造一个良好的市场环境，从而帮助企业更好地发展与践行企业社会责任，这二者之间是一个良性互动的过程。

其次，腾讯 SSV 对公益慈善事业科技与资金的助力经验，可以扩散到社会的方方面面，如教育的数字化技术应用等。利用自身的技术与现有的社会结构积极互动，在这个过程中，短期的商业价值只是一个附属品，但社会转型对产业价值的升级是一个长期而持续的过程。

李　刚：请问陈总，您作为站在 SSV 最前线的领导者，对 SSV 的未来怎么看？SSV 将来在哪些领域会有一些重大的突破？

陈菊红：首先，在践行 SSV 与社会价值方面，需要我们身体力行，把我们的理念更多地和大家沟通、实践，SSV 发展的未来可以从一个直接的社会需求入手，在企业内外进行理论和实践互相检验的过程中，寻求社会价值创新的最大可能性。

其次，在对公益机构和组织进行数字化运营时，我们发现对社会的长期影响是这些公益机构的终极思考。这些终极思考反过来使公益机构在短期影响和成果方面的考量更多，腾讯作为一家互联网公司，将在投入产出和计算方面的优势注入公益机构时，用公益的方法提升社会价值和商业价值，这是多方合理共建、相互借鉴互动的过程。

2022 年，我们期待带着这份助力公益的善心出发，在正确的道路上找到更多志同道合的伙伴，但仅有善心是不够的，相匹配的方法与落地实践让我们能听到、接触到来自科研、教育、农业等领域最现实、最接地气的人和事，在这个过程中，找到他们最迫切的社会需求。

李　　刚：我感觉这就像一场静悄悄的商业革命，请问陈总，SSV 有盈利压力和必需的投资计划等绩效压力吗？

陈菊红：我们最大的压力和任务是，公司交给我们一项任务后，它的终极思考方向是对的，如果我们能找到一条其本身具有发展持续性，又在商业逻辑上跑得通，同时能实现社会价值的途径或方法，那就是最好的。

吕振亚：我的理解是腾讯肯定不会用纯商业的考核体系去评价这个部门、这个项目，而是会更多地考虑其带来的持续的社会价值，以及对社会创新与变革的影响等方面。腾讯作为开拓者，会在其中受益，因为我们要考虑到它本身的立足点已不再是一个商业项目，而是一个战略思维。

朱恒源：这里我认为的商业手段，是一种如何更加有效和有用地推进创新的手段，因此，从这个意义上在讲用商业手段对部门进行绩效评判时，更多地会从战略上考核部门有没有提出一个有效、有用的方式解决某个问题，而不是直接体现在利润收益上。

李　刚：持续的社会价值创新需要一定的资金和企业规模支撑，腾讯作为商业方面做得比较好的企业自然不在话下，那么**对于一些规模较小、盈利水平较差的中小企业来说，社会价值创新对它们的意义又在什么地方呢？**

吕振亚：追求社会价值绝不是在盈利后才去做的事，而是需要在创立企业之初，就要将为社会价值做出贡献这一想法视为一种企业目标。一些中小企业，不必太过苛求目标是否高远、覆盖面是否广泛，而是在自己的领域尽力做到最好即可。

朱恒源：首先，一个企业自身既具有商业属性又具有社会属性，在不同的时间段，企业对这两种属性的侧重是不同的。这两种不同的属性在企业的经营过程中是可以无缝衔接的，企业在商业阶段可能想的是如何把一个产品做好，如何请到更厉害的员工，如何创造出更高的利润和价值，在无形之中，这些基于商业属性考量的决策会为社会创造更多的劳动就业、促进某一领域的创新、提高人们的生活水平，从而达成企业的社会属性。因此，一个企业无论规模大小、贡献多少，哪怕是一个小餐馆，只要让顾客吃好饭，把食品安全做好，就能在满足自身商业属性的同时创造持续的社会价值。

陈菊红: 朱老师说得很对，我认为在商业文明的过程中，商业伦理是很重要的一环。腾讯一直以来都坚持以用户为本，企业的价值便是来自对用户的关照，企业向善的基因便来源于此。

李 刚: 无法否认的是，一些问题是无法通过企业以商业的手段去解决的，为此，有人提出有些事情就是要交给公共服务或空间去解决。那么商业服务和公共服务二者之间是否存在一条泾渭分明的界限呢？还是说这二者之间的界限其实是模糊的，我们两边都可以走？

陈菊红: 就像我之前所说的，在公共议题领域，商业方法、技术能力和向善的初心是要放在一起考量的，也就是说在社会价值实现领域单靠一方的力量是不行的，它需要多方协助完成。

从我这8个月的实际感受来说，这真的是关起门来做不成的事情，不管是哪一方关起门来都做不成，所以它才会有痛点、断点。现实情况是在一些领域，可能一些企业具有技术和经验的优势，那么它们可以作为主力军去加速该领域社会价值创新的进程，但它们始终只是参与者和促进者，而非主导者。

因此，在实现社会价值创新的路上，需要多方参与协同解决，我们可能在某些痛点上解决一些断点问题，其他的创新参与者会在合适的时机介入，继续跟进，最后由多方共同完成某一社会价值创新目标。

吕振亚: 站在社会综合治理的角度，在实现一个公益项目的价值最大化的时候，势必要涉及多方力量的协同参与，这些力量在综合治理的范式下，是一个复合体，压根不存在任何一方单方面完成所有任务目标的情况。其实很多公益项目的最终价值，或者说其最终想要实现的目标，就是集合社会多方面的力量，探索出一个能解决类似问题的思维或方法。

另外，从社会大局的层面去考虑如何完成它、发展它，这个过程也是需要大家一起探索的。因此，不可能画一条线，它就是一个综合的生态系统治理体系。就像刚才几位老师所说的，我们从行业的角度，会更期待未来整个社会环境的转变，像法治环境、政策环境和社会思想环境都可以来一个创新式的大升级，从而为全社会的价值创新带来更新鲜的空气和土壤。

李　刚：今天我们的谈话题目从新商业文明与社会创新价值的关系和融合，到腾讯 SSV 的战略规划和实践，再到各领域践行商业创新与社会价值，**请三位老师分别做一个简短的总结。**

朱恒源：我希望企业在和社会互动、创造社会价值的过程中，一定要掌握适度的节奏和控制相应的范围，尽量避免和现有的社会结构产生冲突。

吕振亚：腾讯用科技创新的方法，助力公益追求更好的社会价值和社会的持续发展，这份初心是十分难得的。从这一点来看，腾讯组建一个专门的事业群从事这项工作的做法可谓具有长远的战略目光，我希望在将来，腾讯可以继续凭借自身的优势，帮助慈善公益领域的数字化发展，从而真正实现全社会一起来做公益的美好愿景，这是我最真切的期待。

陈菊红：听了二位的发言，我的内心备受鼓舞。我想说三个词：向善、向上、向前。"向善"是因为我们在为社会创造可持续发展价值的时候需要很多志同道合、和我们有相同初衷的小伙伴一起解决问题，我希望有更多的朋友加入我们的行列。"向上"是因为这种全社会的持续创新在之前并无先例，这就需要我们积极地探索局面，和其他小伙伴基于共创的方式推动社会的进步。漫长的等待势必会等来鲜花的绽放，静待花开就是一个向上的过程。"向前"是指我们在实现终局思考这一长期过程中，难免会遇到这样那样的问题，可能会不断地有人加入和退出，这都是情理之中的事情。我们希望会有更多的企业或个人和我们一起坚持下来，静静等待鲜花绽放的美妙时刻。